Elon Musk

PROFIT
editorial

Profit Editorial, sello editorial de referencia en libros de empresa y management. Con más de 400 títulos en catálogo, ofrece respuestas y soluciones en las temáticas:

- Management, liderazgo y emprendeduría.
- Contabilidad, control y finanzas.
- Bolsa y mercados.
- Recursos humanos, formación y coaching.
- Marketing y ventas.
- Comunicación, relaciones públicas y habilidades directivas.
- Producción y operaciones.

E-books:
Todos los títulos disponibles en formato digital están en todas las plataformas del mundo de distribución de e-books.

Manténgase informado:
Únase al grupo de personas interesadas en recibir, de forma totalmente gratuita, información periódica, newsletters de nuestras publicaciones y novedades a través del QR:

Dónde seguirnos:

 | @profiteditorial

 | Profit Editorial

Ejemplares de evaluación:
Nuestros títulos están disponibles para su evaluación por parte de docentes. Aceptamos solicitudes de evaluación de cualquier docente, siempre que esté registrado en nuestra base de datos como tal y con actividad docente regular. Usted puede registrarse como docente a través del QR:

Nuestro servicio de atención al cliente:
Teléfono: **+34 934 109 793**
E-mail: **info@profiteditorial.com**

Patrick Davidson y Hans van der Loo

Elon Musk

Los 5 principios de la MUSK MANÍA

PROFIT
editorial

La edición original de esta obra ha sido publicada en lengua holandesa por Vakmedianet con el título original de *Musk Mania*, de Patrick Davidson y Hans van der Loo.

© Patrick Davidson y Hans van der Loo, 2017
© Profit Editorial I., SL, 2017, 2025

Diseño de cubierta: XicArt
Maquetación: JesMart

ISBN: 979-13-87796-03-7
Depósito legal: B 9449-2015
Primera edición: abril 2017
Segunda edición: junio 225

Impresión: Gráficas Rey
Impreso en España / *Printed in Spain*

Índice

Prólogo 9

Introducción 11

1. El turbulento mundo del generador de olas 17

2. La huida de Elon Musk 21

3. Elon Musk: ¿rara vez es aburrido? 29

4. Principio 1. Ofrece esperanza en tiempos convulsos . . 35

5. Principio 2. Ten en cuenta todos los detalles 45

6. Principio 3. Apunta a Marte 51

7. Principio 4. Juega para ganar 63

8. Principio 5. Conmueve a la gente 71

9. La ola continúa 85

Epílogo 92

Agradecimientos 94

Para Sebas, Joran y Casper

Haz lo que te haga feliz. Esto te proporcionará energía. Hazlo a menudo. Con el tiempo te resultará muy fácil. Entonces conseguirás que lo imposible se haga realidad. No porque tengas que hacerlo, sino porque deseas hacerlo.

Hans y Patrick

El hombre razonable se adapta al mundo. El irrazonable persiste en tratar de adaptar el mundo a sí mismo. Por lo tanto, todo progreso depende del hombre irrazonable.

GEORGE BERNARD SHAW

Prólogo

Profundamente impresionada. Así me sentí cuando abandoné la fábrica Tesla en Fremont, situada al otro lado de la bahía de Silicon Valley, después de visitarles para un artículo para el *NRC Handelsblad*. Una fábrica blanca y resplandeciente donde unos empleados trabajaban, con ayuda de unos robots punteros de color rojo, en la fabricación del sedán eléctrico de lujo de Tesla, el Modelo S. Al fondo de la fábrica había una cinta transportadora donde los clientes podían ir a recoger su coche personalizado, exclamando de gozo cuando se lo entregaban.

Visité la fábrica a principios de 2013. En aquel entonces solo se habían vendido unos miles de Tesla y aún no estaba claro si los consumidores iban a atreverse a hacer la transición al coche eléctrico. Sin embargo, yo comprendí enseguida con toda claridad que aquí ocurría algo extraordinario. Había miles de empleados trabajando en la fábrica que creían a pies juntillas en la misión del fundador, Elon Musk: el coche del futuro es sostenible, lujoso, sexy y exquisito en todos los aspectos. Me mostraron todos los detalles a un ritmo endiablado y con un entusiasmo irrefrenable: ¡la enorme pantalla táctil! ¡El maletero en la parte delantera, donde normalmente está el motor! ¡Y, por supuesto, la batería increíblemente potente que permite que el coche pase de estar parado a 100 kilómetros por hora en 5,6 segundos!

Ese entusiasmo tan contagioso respecto a un producto yo solo lo había visto anteriormente en relación con los productos Apple. Por tanto, Silicon Valley ha nombrado a Elon Musk el sucesor de Steve Jobs. Si Jobs reinaba sobre Apple, Musk preside nada menos que dos empresas: Tesla y la compañía aeroespacial SpaceX. Aparte de provocar una revolución en el ámbito de la energía sostenible, Musk pretende también colonizar Marte, por si la Tierra acaba convirtiéndose en un lugar inhabitable.

Convertir grandes sueños en realidad, ese es el tema central de la vida de Elon Musk. A primera vista, las ambiciones de Musk parecen los sueños de un niño: coches veloces y cohetes. Pero esos sueños juveniles se apoyan en una visión más expansiva, cuyos detalles averiguarás en este libro.

A menudo nos reímos de estas ambiciosas visiones. No obstante, merece la pena profundizar en la filosofía de Musk. No solo tiene unas ambiciones inmensas, sino que ha logrado realizar varias de ellas. Basta con fijarse en Tesla: poco después de mi visita, la Organización de Consumidores Norteamericanos declaró que el Modelo S era el mejor coche que se había fabricado jamás.

Elon Musk es un generador de olas, o esto afirman Hans van der Loo y Patrick Davidson, los autores de este libro. Dotado de una visión clara, audaz, una enorme fuerza de voluntad y la habilidad de motivar a la gente que le rodea, Musk está cambiando el mundo. En este libro se explica cómo lo hace exactamente. Porque aunque no puedas dirigir dos empresas al mismo tiempo ni prefieras morirte en Marte, Elon Musk es alguien capaz de inspirarte a perseguir tus sueños. Utilizando las lecciones de Musk, Hans y Patrick te mostrarán que todos podemos ejercer una influencia positiva en lo que hacemos.

EVA DE VALK
Periodista y autora de *Silicon Valley.*

Introducción

Elon Musk, el generador de olas por excelencia

Primero de abril de 2016: miles de personas aguardan en lista de espera en todo el mundo para adquirir un coche que solo existe sobre papel. Por mil dólares, pueden considerarse el dueño o la dueña virtual de un coche eléctrico que le entregarán en un plazo de entre uno y dos años: el Tesla Modelo 3.

Unos días más tarde, Tesla abre la Gigafactory. Esta gigantesca fábrica de baterías produce unas innovadoras baterías tres veces más resistentes y mejores que todas las que existen actualmente. Cuando la fábrica funcione a pleno rendimiento, el diferencial aumentará más, convirtiendo a Tesla en el mayor fabricante de baterías del mundo. Esto último es sobre todo un interesante efecto secundario. La fábrica es principalmente una máquina generadora de ganancias. Lo más importante es el sueño de un mundo sostenible. Tesla incluso da a conocer los proyectos de la fábrica, para que otros puedan trabajar también en el sueño de la sostenibilidad.

Unos días más tarde, por primera vez en la historia, la compañía estadounidense SpaceX consigue que un cohete aterrice en una plataforma robótica que flota en el mar. Un experto comentó que la hazaña era comparable a «disparar un lápiz a través del edificio del Empire State durante una tormenta y que este aterrice sobre una caja de zapatos». Las imágenes del vídeo parecen mostrar el lanzamiento «normal» de un cohete, pero a la inversa. En medio del mar, un gigantesco y delgado cohete está perfectamente aparcado sobre la cubierta de un barco. Listo para el viaje de regreso. Porque de esto se trata: la reutilización de un cohete debería ser algo tan sencillo como poner un coche en marcha.

El generador de olas por excelencia: soñador, pensador y hacedor

Tres increíbles logros en una semana, impulsados por un hombre: el canadiense-estadounidense Elon Musk, nacido en Sudáfrica, inventor, emprendedor, inversor, que se ha propuesto mejorar el mundo. El hombre que irrumpe en universos cerrados herméticamente y deja a todos pasmados con sus hazañas. Solo unos pocos recién llegados logran hacerse un hueco en la industria automovilística. Con sus Tesla, Musk ha desencadenado una revolución sin precedentes en el ámbito de los vehículos eléctricos. Su compañía aeroespacial SpaceX, con sus cohetes reciclables a precio asequible, compite con éxito con los bastiones inexpugnables de la NASA, Lockheed Martin y los rusos.

Durante nuestra intensa búsqueda de generadores de olas (sigue leyendo para averiguar a qué nos referimos), el nombre de Musk apareció una y otra vez. A nuestros ojos, Musk representa al mismo tiempo la encarnación de un generador de olas y algo incluso más grande. Es mucho más que un inventor, un emprendedor y un inversor. No solo prospera con las olas del cambio, sino que él mismo las genera. Por increíbles que puedan parecer sus ideas, ve las oportunidades de ponerlas en práctica.

¿Cómo? Siguiendo los dictados de su corazón y haciendo lo que realmente desea hacer. Para ser justos, cabe decir que hay muchas personas que hacen eso. Pero Musk posee también unas extraordinarias facultades mentales e imaginativas que le permiten ver lo que otros pasan por alto. A esto hay que sumar el valor de reconocer sus gigantescas ambiciones, la habilidad de convertir sus sueños en realidad, una capacidad de trabajo de diez y hasta de cien hombres y el talento de atraer a los talentos más destacados. Porque Musk deja la ejecución de esos planes en manos de personas que creen en ellos con tanta pasión como él. Demuestra cómo puedes cambiar tú mismo el mundo provocando una ola de renovación y llevando a otros contigo.

O lo amas o lo odias

Algunos opinan que los planes de Musk son un tanto disparatados. Otros aseguran que es un tipo megalómano y reprobable. Como suele suceder con personajes que no se muerden la lengua a la hora de expresar sus opiniones, a Musk lo amas o lo odias. El primer grupo aumenta a pasos agigantados. En todos los sitios a los que va, la gente acude en masa para verlo: funcionarios que le consideran una nueva fuente de trabajo, empresarios convencidos de sus profecías sobre el futuro y el público en general, sediento de oír sus sentencias y sus inspiradoras historias. Musk nos dispara una idea revolucionaria tras otra, desde un sistema de transporte increíblemente veloz hasta una red global de satélites para llevar internet a cada rincón del mundo. No solo eso, sino que consigue poner sus ideas en práctica.

Penetrar en la mente de Elon Musk

En este libro explicamos los cinco principios rectores en los que se basa el éxito de los generadores de olas en general y de

Foto: SpaceX

Elon Musk en particular. Sin embargo, no pretendemos fingir que Elon Musk constituya una página en blanco. En 2015 apareció una extensa biografía del personaje. En internet circulan miles de blogs y vídeos sobre él. Ha sido tema de centenares de artículos. No obstante, nos encontramos con personas que no han oído hablar de él o que conocen solo unos cuantos datos superficiales: «Ah, ese tipo de los coches eléctricos», o «¿Ese chalado que quiere ir a Marte?».

Además de un rápido y fácil acceso al portentoso mundo de Musk, tendrás ocasión de penetrar en su mente. Aprender de él. Pensar a lo grande. Atreverte. Perseverar. Convertirte en un generador de olas a tu estilo. Pocas personas son capaces o se atreven a hacer lo que hace Musk, lo cual no tiene nada de particular. Pero en unos tiempos en que las olas de renovación se agitan y chocan entre sí, es imperativo que enciendas dentro de ti la llama de renovación.

Cuando se les pregunta, solo el 20 por ciento de los empleados holandeses dicen que se consideran instigadores de un cambio, lo cual significa que el 80 por ciento no piensa así. Confiamos en que la lectura de este libro te procure la chispa necesaria, que Musk sea un ejemplo que haga que los principios del generador de olas activen tu imaginación. Y que pases de soñar a dar los pasos necesarios para aumentar tu libertad de movimiento y conseguir lo que ahora te parece impensable.

Los cinco principios para generar olas

1. Ofrece esperanza en tiempos convulsos.
2. Ten en cuenta todos los detalles.
3. Apunta a Marte.
4. Juega para ganar.
5. Conmueve a la gente.

Para crear una ola que transforme realmente el mundo, el toque personal es un factor clave. En el caso de Musk, es el perfil de su excepcional personalidad y singular combinación de soñador (visión), pensador (razonamiento científico) y hacedor (emprendedor). No menos importante es el hecho de que le mueve una fuerza primigenia. A esto nos referimos con el término de «manía».

Conoce a Elon Musk y aprende cómo aplica los cinco principios del generador de olas en su particular e inimitable estilo.

Foto: SpaceX

1

El turbulento mundo del generador de olas

Creo que es posible que personas normales y corrientes elijan ser extraordinarias.

ELON MUSK

Un chico medio desnudo baila sobre una colina. Mientras realiza unos movimientos muy provocativos, un segundo bailarín se une a él. Y otro. Una creciente multitud se une al grupo de creadores de tendencias, y al poco rato la colina se transforma en una masa de personas que bailan. Un solo bailarín ha conseguido que toda una multitud le siga... Parece magia. Pero no lo es. Es el poder del generador de olas.

Los líderes tradicionales instauran un curso estable en una atmósfera de seguridad y confianza. Pero en estos tiempos de transitoriedad, inseguridad y complejidad, hay más necesidad de un movimiento revolucionario que de estabilidad. De líderes que se apresuren a ponerse en marcha y no se detengan. De personas que prosperen con las olas del cambio pero también las generen. Son los generadores de olas. Los generadores de olas cambian las normas del juego, ofrecen esperanza, constituyen una fuerza impulsora y son divulgadores. Rompen las estructuras y certidumbres existentes y crean nuevas posibilidades. Siempre miran al futuro, ofrecen perspectiva y esperanza en tiempos convulsos. No observando lo que no funciona, sino viendo lo que es posible. No solo inspiran, sino que son también una fuerza impulsora, personas que no temen arriesgarse y trabajar apasionadamente para llevar a cabo sus estratosféricas ambiciones. Hacen hoy lo que mañana será necesario. Esto convierte a los generadores de olas en la fuerza impulsora detrás de una plétora de nuevas iniciativas, nuevas ideas y conductas que se extienden a través del globo en masa y a toda velocidad. Ejercen una profunda influencia en la forma en que otros piensan y actúan. Inclusive tú. Se crecen en un mundo turbulento. Y hacen que esa turbulencia continúe. Porque saben que cuando llegue la ola, ellos estarán en la cresta de la misma.

Los generadores de olas hacen hoy lo que mañana será necesario.

Maremotos

Si sabes cómo funciona, puedes reconocer los papeles establecidos, los principios y los patrones que rigen la creación y el crecimiento de los movimientos. Esto se aplica por igual a las olas vertiginosas del mar y a las ideas, los comportamientos, los sentimientos, las opiniones y los productos. O a los virus. Del mismo modo que una persona enferma puede desencadenar una epidemia de gripe, una persona que piensa de modo distinto puede eliminar todos los axiomas incrustados. O un nuevo invento puede sacudir los cimientos del mundo. El patrón siempre es el mismo: empieza por algo pequeño y va creciendo hasta alcanzar un tamaño monumental. Así es como una persona consigue desencadenar unas olas gigantescas. Esto es lo que hacen los generadores de olas.

No existe un único tipo de generadores de olas. Suelen ser individuos, a veces forman un grupo reducido y muy de vez en cuando una organización o agencia. Con frecuencia son personas que causan un impacto a pequeña escala, temporal.

Un buen ejemplo de ello lo vemos en un estadio deportivo, donde de pronto una persona se levanta de su asiento y empieza a mover los brazos arriba y abajo. Al cabo de unos momentos, todo el estadio participa en la «ola». Otro ejemplo: alguien empieza a aplaudir con fuerza en un concierto o una conferencia, y al cabo de unos momentos toda la sala rompe a aplaudir. El impacto de este tipo de olas es limitado, tanto en cuanto a tiempo (al cabo de unos momentos esas manifestaciones se calman), como magnitud (solo afecta a aquellos que están presentes) y efecto (la normalidad no tarda en restituirse).

También hay generadores de olas que provocan auténticos maremotos. Los maremotos pueden barrer en pocos minutos todo lo que ha sido construido con esfuerzo: carreteras y edificios, pero también tradiciones y fórmulas ganadoras. Al mismo tiempo, crean espacio para la renovación. Elon Musk es un generador de olas que sabe cómo provocar maremotos.

Musk Manía: una locura positiva

Musk incluso ha promovido una auténtica *Musk Manía*. Con esto nos referimos a dos cosas. En primer lugar, a la frenética forma en que Elon Musk deja su impronta en el mundo. No lo hace solo con una pasión y un entusiasmo excepcionales, sino a un ritmo increíble.

Los términos «maníaco» y «loco» a menudo se emplean con respecto a los enfermos mentales. Nosotros consideramos los vocablos de «maníaco» y «loco» de forma positiva:

para nosotros, aluden a la pasión, la obstinación y el entusiasmo. Y aunque existan ciertos aspectos oscuros de su carácter, Elon Musk es principalmente un loco positivo. Un redentor moderno e infatigable que quiere ofrecer una renovada esperanza a un mundo desgarrado y abocado al desastre. Un remedio positivo contra la apatía y el fatalismo, que despierta a las personas y hace que se pongan en marcha.

La *Musk Manía* no se refiere solo a las atrevidas tendencias de Elon Musk, sino al extraordinario impacto que causa hoy en día. Es capaz de controlar prácticamente él solo los canales mediáticos, hacer que dignatarios e inversores pierdan el juicio y tentar a los consumidores a comportarse de forma irracional. Como la adquisición de un coche que aún no se ha fabricado. Elon Musk es el bailarín medio desnudo que hace que la multitud se mueva. Pero a una escala épica. Escenas delirantes que hemos contemplado en torneos deportivos y con estrellas pop. Imágenes increíbles de los Beatles en los años sesenta que fueron calificadas de *Beatlemanía*.

Hoy, Bieber tiene sus *Beliebers*. Y el talentoso piloto de Fórmula 1 Max Verstappen va camino de generar una *Maxmanía*. Musk también provoca esta locura a un nivel espectacular. Es capaz de seducir a las masas. A personas que desean acercarse a él y formar parte de su éxito. Pero se trata principalmente de personas que creen en él: sus mosqueteros, y más de tres.

2

La huida de Elon Musk

Fundar una compañía es como comer cristal y asomarte al abismo.

ELON MUSK

La vida de Elon Musk es como un libro en tres partes para jóvenes. Comienza con su «huida de África»: después de unos comienzos difíciles, Musk abandona Sudáfrica a los diecisiete años. Prácticamente sin un centavo, viaja a Canadá y un poco más tarde parte a Estados Unidos. Allí empieza el segundo acto de la historia de su vida, la «huida hacia adelante»: después de sus estudios, gana millones de dólares como emprendedor neófito en Silicon Valley. El tercer acto de su vida, y de momento el último, es el «vuelo hacia arriba». Literal y figurativamente, Musk conquista el espacio, pero también trabaja para hallar soluciones en el campo de la energía sostenible.

La huida de África: no se siente a gusto en su medio

Elon Musk nació el 28 de junio de 1971 en la ciudad sudafricana de Pretoria, el mayor de tres hermanos: su hermano Kimbal y su hermana Tosca. Su madre, Maye, que de joven había aspirado al título de Miss Sudáfrica, sigue trabajando como modelo a sus sesenta y tantos años. Además, tiene una consulta dietética. El padre, Eroll, es dueño de una próspera empresa de ingeniería. La familia no tiene problemas económicos, pero las relaciones son turbulentas. Cuando Elon tiene aproximadamente seis años, sus padres deciden separarse. Maye se traslada con los niños a la casa de vacaciones que la familia tiene en Durban.

Dos años más tarde, Elon toma la sorprendente decisión de irse a vivir de nuevo con su padre. Sorprendente porque, según su madre, se llevaban bien pero su padre era un hombre dominante y manipulador. «Lo cierto es que no tuve una infancia feliz —diría Elon más tarde—. Me sentía muy desdichado. Mi padre amarga la vida a todo el mundo.» Su hermano Kimbal añadiría años después: «Mi padre tiene serios desequilibrios químicos, que estoy seguro de que Elon y yo hemos heredado». Elon sufrió también debido a su entorno social, más incluso que a causa de la situación inestable en su casa. Sudáfrica tiene una marcada cultura de «machos» duros y fanfarrones que exhiben unas actitudes típicamente masculinas. Allí no hay lugar para un soñador con aspecto de empollón. El joven Musk es también el clásico sabelotodo que no tiene reparos en corregir a todo el mundo. Esto no le hace popular entre sus compañeros, que prefieren dedicarse a gastar bromas y practicar deportes. Los otros chicos se burlan continuamente de él y le propinan palizas. No es de extrañar que posteriormente Musk describiera su juventud como «un horror sin paliativos».

Su único consuelo es leer sobre inventores, sobre mundos futuristas en remotas galaxias y nuevas máquinas y tecnologías. Después de clase, «vive» en la librería local, donde desaparece en el mundo de la ciencia ficción, la fantasía y los cómics. De esta forma, no solo se aísla del cruel mundo exterior, sino que la lectura estimula su inteligencia. A veces, el joven Elon parece sumido en un trance, mostrando su típica mirada distante. Cualquier persona que hable con él tiene la impresión de que no le oye. Esto sucede con tanta frecuencia que sus padres sospechan que es sordo. «Se encierra en su cerebro, como si estuviera en otro mundo –dice su madre–. Aún sigue haciéndolo, pero ahora lo dejo tranquilo porque sé que está diseñando otro cohete o algo por el estilo.» Este rasgo le hace aún menos popular en el colegio: su expresión ausente es interpretada como arrogante y un tanto perturbada.

Desde muy joven, Musk era un pensador introvertido y un soñador. ¿Pero era ya un hacedor? No en el colegio, si hemos de creer a sus profesores y compañeros. Puede que fuera más inteligente que los demás, pero su inteligencia no le sirve de nada. Esto cambia cuando, a los nueve años, ve un ordenador en una tienda de electrónica. «Al verlo, pensé ¡ostras, qué guay! Tenía que conseguirlo y no paré de asediar a mi padre hasta que me lo compró.» El ordenador iba acompañado de un manual de instrucciones con suficiente material para seis meses. Elon tardó tres días y tres noches en aprendérselo de memoria. Su nueva afición le procura también sus primeras ganancias económicas. A los doce años, vende el software de su primer videojuego a una revista, lo cual le reporta quinientos dólares.

La combinación de sus conocimientos informáticos y las posibilidades comerciales que ofrece la pujante internet constituyen la clave del segundo episodio de la vida de Musk: su éxito como emprendedor.

La huida hacia adelante: estudios y *startups*

Elon y Sudáfrica no se llevan bien. Desde sus primeros años de adolescente, Musk sueña con ir a Estados Unidos, la tierra de infinitas oportunidades. Dado que su madre es de origen canadiense, ese país se convierte en su primera escala. El deseo de escapar del medio donde había crecido debió de ser acuciante, porque Musk parte para Canadá prácticamente sin ninguna preparación. Ha oído hablar vagamente de un tío abuelo que vive en Montreal, de modo que se sube a un avión sin pensárselo dos veces. A su llegada, averigua que su tío abuelo se ha mudado hace tiempo. Con solo cien dólares en el bolsillo, Elon no tiene a quien recurrir y debe arreglárselas él solo. A través de unos parientes desperdigados por todo el país, encuentra alojamiento y varios trabajos mal pagados. Cuando su madre, su hermano y su hermana deciden trasladarse también a Canadá, la familia se reúne en Ontario, donde Elon se inscribe en la universidad.

En 1992, a los veintiún años, Musk consigue una beca para estudiar en la Universidad de Pennsylvania y parte para Estados Unidos. Una vez allí, se pregunta cómo puede causar el mayor impacto en su propósito de mejorar el mundo. Su lista de objetivos: internet, energía sostenible y viajes espaciales. Durante los próximos años abordaría sistemáticamente estos tres temas.

En 1994, Elon y su hermano emprenden un viaje por carretera que les lleva a Silicon Valley. La energía positiva que impera allí, las ambiciones estratosféricas que motivan a la gente y la libertad de hacer lo que uno desea impresionan a los hermanos hasta el punto de que deciden regresar el verano siguiente. Cuando Elon se gradúa de la universidad, ambos se instalan allí.

El intento de Elon de obtener un trabajo en Netscape, la compañía de internet que goza de una increíble popularidad, fracasa: Musk se presenta de improviso, espera nervioso en el vestíbulo, demasiado cohibido para hablar con alguien, y se marcha sin haber logrado lo que se proponía.

Ha llegado el momento del plan B: Elon y su hermano fundan juntos la compañía Zip2, que publica una especie de Páginas Amarillas online. No es nada sensacional, pero resulta importante para su primera experiencia como emprendedores neófitos. Es la clásica historia de trabajar hasta altas horas de la noche bajo una presión tremenda y sin apenas dinero a fin de conseguir el éxito deseado. Para Elon resulta muy duro cuando los inversores prescinden de él a la hora de tomar importantes decisiones debido a su inexperiencia como líder de una compañía. Al fin, su dolor se ve compensado cuando Compaq, a la sazón un gigante en el campo de ordenadores personales, adquiere la compañía por la asombrosa cifra de 307 millones de dólares. De esta cantidad, 22 millones van a parar la cuenta bancaria de Elon Musk. Solo tiene veintisiete años y ya forma parte del selecto grupo de millonarios puntocom.

Pero Musk no se conforma con emplear sus suculentas ganancias en relajarse y gozar plenamente de la vida. Tiene un nuevo proyecto en mente: un banco online. Gracias a sus prácticas en un importante banco, está convencido de que los banqueros suelen ser ricos y autocomplacientes. Musk quiere despertar al mundo financiero con un banco online y resolver la ineficacia de internet. El resultado: PayPal. La compañía crece rápidamente, pero entre bastidores se libra una feroz batalla de egos. De nuevo, la personalidad de Musk topa con la resistencia de socios e inversores. Musk acaba de partir de luna de miel cuando recibe la noticia de que estos han prescindido de él sin contemplaciones. Aunque sigue siendo uno de los mayores propietarios, tiene poco que decir sobre el rumbo que ha de tomar la compañía. Curiosamente, Musk decide mantener un discreto segundo plano. Una actitud que en 2001 se ve recompensada con la cantidad de 180 millones de dólares, cuando eBay adquiere la compañía.

El vuelo hacia arriba: más allá de las estrellas

Para entonces, Elon Musk se había convertido en uno de los iconos de más éxito en Silicon Valley. Para Musk, ha llegado el momento de pisar el acelerador y volar hacia arriba. El dinero que gana vendiendo sus *startups* lo invierte casi de inmediato en una nueva compañía aeroespacial, en una pequeña fábrica de coches eléctricos y en una compañía que fabrica paneles solares. Sus amigos dicen que es una jugada impulsiva. Pero Musk no es un jugador. Trabaja sistemática y juiciosamente con el fin de realizar sus sueños. Esos sueños han quedado relegados a un segundo plano durante varios años debido a las exigencias de su trabajo. Ahora, con la seguridad de un emprendedor reconocido universalmente y los suficientes recursos para no depender directamente de otros con el fin de cumplir sus sueños, Musk se concentra en la visión de sus años adolescentes, cuando soñaba con naves espaciales que transportaban a la gente a otros planetas. Él no lo considera un lujo, sino una evidente necesidad. Debido a la merma de recursos naturales y a los peligros de una posible guerra nuclear, la humanidad no tiene más remedio que hacer un día las maletas y trasladarse en cohete a otros lugares en el universo.

Oficialmente, Musk sigue empleado en PayPal como consultor cuando retoma sus planes aeroespaciales. Sus amigos en Silicon Valley no saben cómo interpretarlo. «Cuando hablaba sobre espacio, supuse que se refería a un espacio para oficinas», dice uno. A otros les interesa más llevar a cabo una OPI (oferta pública inicial) que prospere u otra operación financiera que les reporte una suculenta cantidad de dinero. Para Musk, esto es una clara muestra de que Silicon Valley no es el lugar indicado para él. Opina que los emprendedores allí carecen de los grandes ideales y ambiciones a gran escala necesarios para causar un impacto duradero. Se aferran empecinadamente a internet. Para Musk, esta es una etapa más. Su destino es el espacio.

Para llegar, en primer lugar decide mudarse a Los Ángeles. Allí puede rodearse de especialistas aeroespaciales de prestigio mundial que le ayudarán a perfeccionar sus ideas. Se une a una red local de entusiastas aeroespaciales y enseguida llama la atención su forma insistente de hacer preguntas. Un destacado miembro comenta: «Musk no sabía gran cosa sobre el espacio, pero tenía una mente científica». En 2001 desarrollaron juntos una visión, Mars Oasis: transportar un pequeño invernadero con semillas a Marte y proporcionarle agua para que la vida germine en el planeta rojo.

Dado que la NASA no tenía planes para explorar Marte en el futuro, Musk decidió tomar la iniciativa. Viaja a Rusia varias veces para adquirir unos misiles baratos, pero cada vez regresa a casa con las manos vacías. Los miembros de su equipo están desanimados y durante el vuelo de regreso ingieren un buen número de bebidas alcohólicas. Todos menos Elon Musk, que trabaja con su ordenador. De pronto se vuelve y les muestra una hoja de cálculo: «Eh, chicos, creo que podemos construir este cohete nosotros mismos». Durante meses ha absorbido como una esponja todos los datos importantes que le han aportado los expertos espaciales. Como de costumbre, ha devorado decenas de libros y ha descubierto que los cohetes pueden construirse de modo más económico. Se pone en contacto con varios ingenieros aeroespaciales fanáticos como él. Un viejo almacén en un suburbio de Los Ángeles es transformado en una fábrica y cuartel general. Las mesas de los empleados están distribuidas por toda la fábrica de forma que todos —inclusive Musk— pueden acceder fácilmente a sus compañeros y mantener contacto directo unos con otros.

Poco después de embarcarse en su aventura aeroespacial, Musk decide invertir una cuantiosa cantidad de dinero en otro proyecto revolucionario: la fabricación de elegantes coches eléctricos. Con su compañía, Tesla —cuyo nombre es un homenaje al celebre inventor Nikola Tesla, un referente para Musk—, se erige en defensor de unos coches veloces y de hermoso diseño que funcionan con energía sostenible. La estrategia consiste en colocar los coches eléctricos en el mapa en tres pasos. Primero, desarrollando un coche deportivo eléctrico de lujo para demostrar que este tipo de coche puede ser atractivo. A continuación, un sedán de lujo que compita con marcas tan destacadas como BMW y Mercedes. Y en tercer lugar: la fabricación de un coche eléctrico barato destinado al público general. El dinero que queda se invirtió en Solar-

City en 2006, una compañía especializada en la fabricación de paneles solares, dirigida por sus dos primos.

Ahora bien, la creación de un nuevo concepto de automóvil y el envío de cohetes al espacio quizá no sea tan fácil como uno pueda imaginar. En 2008, todo indica que los críticos y los escépticos tenían más razón de lo que suponían. Los lanzamientos de cohetes no solo han resultado ser un fracaso, sino que el coche deportivo de lujo es descrito en los medios como el fracaso tecnológico más estrepitoso de la historia. Para colmo, la economía mundial se hunde y la industria automovilística sufre un grave revés. Los fondos de Musk empiezan a mermar rápidamente. Su vida personal también hace aguas. Su matrimonio con Justine, su novia de la época universitaria, se rompe y termina en una feroz batalla de divorcio, cuyos detalles son aireados por la prensa.

Entonces se produce el lanzamiento del cuarto cohete, que esta vez tiene éxito, y la NASA cierra un acuerdo de mil millones de dólares con SpaceX por la cesión de sus estaciones espaciales. Posteriormente, SpaceX es la única compañía que consigue enviar unos cohetes al espacio y que regresen indemnes a la Tierra. Esto reduce los costes a la mitad y hace que resulte mucho más económico enviar mercancías, a científicos e incluso a turistas al espacio en el futuro.

A partir de este cuarto lanzamiento con éxito, a Elon Musk todo le ha ido bien. No solo eso, sino que, al parecer, después de superar su mala racha en 2008, todo cuanto toca lo convierte en oro. Pero la suerte se la forja uno mismo. Sobre todo si te llamas Elon Musk y sigues creyendo en tus sueños. Incluso en los peores momentos, jamás se le ocurrió renunciar a ellos y vender sus compañías. Esto demuestra una resiliencia increíble y la suerte parece ir a su encuentro. En estas circunstancias es cuando uno puede labrarse un futuro brillante.

3

Elon Musk: ¿rara vez es aburrido?

Cuando has descifrado la pregunta,
la respuesta es relativamente fácil.

«Sus logros son espectaculares, pero, madre mía, qué tipo tan aburrido», se lamenta un reportero holandés después de leer la biografía de Musk. No es el único que utiliza esa palabra, junto con descripciones que van desde loco hasta genio. ¿Pero qué puede esperarse de un hombre que trabaja más de dieciséis horas al día, que no tiene tiempo ni ganas de conceder entrevistas a fondo y que pretende revisar y corregir todo lo que el periodista escriba sobre él? El calificativo de «aburrido» tiene ante todo que ver con su personalidad. Un tipo de personalidad que asegura esa combinación especial de pensador, soñador y hacedor.

Elon Musk es un INTJ. Se trata de un código de cuatro letras del MBTI o indicador de personalidad de Myers-Brigs, una de las herramientas más utilizadas en el mundo para describir perfiles de personalidad.[1] Estas letras significan: introversión (I), Intuición (*iNtuition*) (N), pensamiento (*thinking*) (T) y calificador (*judging*) (J). A los INTJ se les denomina también científicos, analistas o cerebros. Nosotros preferimos utilizar este último término: Cerebro con C mayúscula, porque para el INTJ la vida representa un rompecabezas abstracto que es preciso resolver. Son auténticos Cerebros: pensadores dotados de una gran imaginación. Piensan de forma independiente. Son curiosos, resueltos y ambiciosos. Pero también son introvertidos y distantes. Los Cerebros apenas se esfuerzan en hacer contactos sociales.

Debido a su innata sed de conocimientos, de pequeños a los Cerebros les llaman ratones de biblioteca. Y aunque no suele ser un calificativo elogioso, ellos probablemente se mostrarían de acuerdo porque les complace poseer unos conocimientos amplios y profundos. Los Cerebros están convencidos de que todo es posible siempre que uno tenga los suficientes conocimientos y dedicación. Según ellos, la mayoría de las personas son demasiado perezosas, miopes y egocéntricas para desarrollar todo su potencial. Los que no consiguen desplegar todas sus facultades intelectuales y agilidad mental, o peor aún, no ven la necesidad de hacerlo no suscitan mucha simpatía y respeto. Los Cerebros suelen ser también muy aficionados a los videojuegos, capaces de dejarse absorber por una partida de *World* o *Warcraft*, *FallOut* o *BioShock*. Sí, estos son algunos de los videojuegos favoritos de Elon Musk.

---

1. El MBTI se basa en el trabajo de Carl Jung y tiene cuatro dicotomías opuestas. La primera es extraversión (E) en contraposición a introversión (I): ¿obtienes energía e información de tu entorno y de otras personas más que de tus propias ideas y pensamientos? La segunda dicotomía es sensación (S) en contraposición a intuición (N): ¿te concentras principalmente en datos concretos o el uso de esos datos y correlaciones entre datos diversos? La tercera dicotomía es pensamiento (T) en contraposición a sentimiento (*feeling*) (F): ¿tomas decisiones basadas en la lógica y datos objetivos o dejas que las emociones sean tu principal factor determinante? La cuarta y última es calificador (J) en contraposición a percepción (P): ¿te guías por listas y planes o sueles improvisar sobre la marcha? El resultado final, después de una lista de preguntas, consiste en cuatro letras que te dicen mucho sobre tu carácter y personalidad.

Una fuerza poco convencional

Los Cerebros exhalan seguridad en sí mismos. Su talento para la observación y la creatividad y su extraordinaria lógica les convierten en unas personalidades de gran fuerza. Nunca dan por sentada la realidad aceptada. Las reglas, limitaciones y tradiciones son inaceptables para este tipo de personalidad. Los Cerebros se esfuerzan en crear el mundo que ellos imaginan.

Los Cerebros son al mismo tiempo pensadores,
soñadores y hacedores.

Aunque otros pueden interpretar sus ambiciones y determinación como fruto de un temperamento impulsivo, los Cerebros siempre se comportan de forma tan racional como sea posible. Por más que se esfuerzan apasionadamente por alcanzar su objetivo, siempre mantienen la cabeza fría. Este mecanismo no solo lo aplican a su método de trabajo, sino a las personas. Ciertas tendencias típicamente humanas, como una conversación informal y un ambiente grato y distendido, tienen escasa relevancia para los Cerebros, que persiguen la verdad, la profundidad y la perfección. Viven sus vidas como si se hallaran sobre un gigantesco tablero de ajedrez, moviendo constantemente las piezas. Gracias a su inteligencia y atención al detalle, siempre consiguen llevar la delantera a los demás en lo referente a tácticas, estrategias y contingencias. De esta forma, mantienen el control de la situación y disponen de amplio espacio de maniobra.

Empollón, visionario y emprendedor

Los Cerebros son ante todo unos empollones que lo analizan todo hasta la saciedad y resuelven todo tipo de problemas.

También son unos revolucionarios y visionarios que persiguen sus sueños y ambiciones. Su obsesión con pensar y soñar podría convertirles en personas poco prácticas, pero hay un tercer componente que lo impide: el afán de llevar a la práctica lo que han pensado y soñado. Los Cerebros son al mismo tiempo pensadores, soñadores y hacedores. Una combinación increíblemente potente de empollón, visionario y emprendedor.

Los Cerebros pueden pasar fácilmente del pequeño detalle al panorama general. Su conocimiento se basa en unas visiones y unos pensamientos idiosincrásicos a menudo originales y abstractos, entre los cuales son capaces de hacer sorprendentes conexiones. Es como si una tarjeta gráfica en su cerebro les permitiera pensar de forma totalmente visual. Por otra parte, tienen preferencia por los principios probados y los datos corroborados. Su forma de pensar se basa en pruebas en lugar de intuitivas suposiciones.

Esto hace que los Cerebros sean personas de carácter crítico y práctico: tienden a verificar continuamente toda la información que reciben. Y siempre llegan a una solución meridianamente clara, al menos a sus ojos. Por ejemplo, de niño a Musk se le ocurrió una solución para dejar de tener miedo a la oscuridad. «La oscuridad no es más que la ausencia de luz», dijo el joven Musk, describiendo la oscuridad como «la ausencia de fotones en la longitud de onda visible, de 400 a 700 nanómetros». ¿Y quién teme una ausencia de fotones?

Otra cosa: las personas con un perfil INTJ no abundan. Constituyen como mucho el 2 por ciento de la población. Los Cerebros se componen por un número algo mayor de hombres que de mujeres. Si uno trata de hallar unos tipos de personalidad semejantes a ellos, con la misma tendencia a analizarlo todo y descifrarlo todo, comprueba que es una empresa poco menos que imposible, lo que hace que los Cerebros sean unos lobos solitarios que transitan solos por la vida.

El hecho de que otros les consideren aburridos es algo que ellos aceptan sin mayores problemas. Un dato curioso: Nikola Tesla, el gran ejemplo de Musk, también es un INTJ.

Un pequeño matiz

Cabe precisar que los perfiles de personalidad no son más que un medio útil de describir las preferencias y conductas humanas y acentuarlas en caso necesario. Su propósito no es encasillar a alguien. Por otra parte, los perfiles de personalidad no son exclusivamente congénitos y menos aún inalterables. Los psicólogos creen que entre un 30 y un 40 por ciento del comportamiento se debe a factores genéticos. Y entre un 60 y un 70 por ciento tiene que ver con los procesos de

Foto: Steve Jurvetson

aprendizaje y las influencias del medio. Esto significa que uno puede modificar y perfeccionar su perfil.

Los perfiles de personalidad te muestran lo que hay en términos generales. La «vida interior» de una persona solo se puede determinar observándola de cerca y en detalle. Por este motivo, en el capítulo anterior hemos repasado brevemente la vida de Elon Musk. Ahora que conocemos su vida y sabemos aproximadamente lo que le motiva, ha llegado el momento de profundizar en el personaje para averiguar cómo trabaja en tanto que generador de olas. En los próximos capítulos lo descubriremos a través de los cinco principios del éxito.

Foto: Steve Jurvetson

4

PRINCIPIO 1

Ofrece esperanza en tiempos convulsos

Si algo es lo bastante importante, aunque lo tengas todo en contra, debes hacerlo.

ELON MUSK

¿Qué hace que un generador de olas como Elon Musk sea tan distinto de los demás? Ofrece esperanza en tiempos convulsos. Te enseña que los problemas de hoy constituyen un punto de partida para alcanzar un mundo nuevo y mejor. Lo hace con entusiasmo, optimismo y seguridad en sí mismo. Y convencido de que la esperanza que ofrece puede influir de modo positivo. Ofrecer esperanza es el primer principio del generador de olas.

«La esperanza es la alegría que uno experimenta a través de la expectativa de que el futuro será positivo», dijo el filósofo Spinoza. La esperanza es más que un sueño. La esperanza es la creencia de que tu sueño se hará realidad. Un día. Pronto. Siempre y cuando uno se esfuerce lo bastante para convertirlo en realidad. La esperanza es eterna: es una fuente de energía inagotable. Una vez que la esperanza hace presa en ti, puedes caminar por el desierto durante años, en las circunstancias más inhóspitas, sin perder la fe ni claudicar cuando las cosas se tuerzan.

La persona que confía se centra en algo que está a punto de convertirse en realidad. Los creadores de esperanza te ayudan en este empeño. Te infunden entusiasmo para que te pongas en marcha y estimulan en ti un punto de vista optimista. Te proporcionan una energía positiva, abren las ventanas y te dicen que el futuro deseado está próximo, que tu ideal está al alcance de la mano. Te inducen a pasar a la acción, solo o con otros. Los creadores de esperanza te convencen de que puedes influir de modo positivo. Esto aumenta tu seguridad en ti y, por ende, tu voluntad de hacer algo. Incluso, o quizás especialmente, en tiempos de insatisfacción e inseguridad. Porque la esperanza empieza por comprender que el mundo dista mucho de ser perfecto. Los creadores de esperanza te muestran que no solo es preferible, sino posible, decir adiós al pasado. Se sitúan a la vanguardia del cambio que conduce a un mundo nuevo. Esto es justamente lo que hace Elon Musk. Esto es lo que le convierte en uno de los creadores de esperanza más potentes de nuestra época.

Esperanza visionaria

Musk nos enseña que solo una ruptura radical con el pasado y una renovación fundamental de nuestra forma de pensar y actuar pueden conducirnos a un mundo distinto y mejor. Esta es la esencia de la esperanza visionaria, cuyas raíces se hunden en la Ilustración de los siglos XVII y XVIII. Los pensadores de la Ilustración rompieron radicalmente con el mesianismo de la religión cristiana, que había predominado hasta entonces. La esperanza ya no se basaba en la «tenue» expectativa de un indefinido más allá, sino en las «certezas» puras y duras de la ciencia moderna. Gracias a la ciencia y la tecnología, el futuro estaba al alcance de la mano. Pese a que los creadores de una esperanza visionaria han carecido durante mucho tiempo de un apoyo adecuado, su influencia está ganando rápidamente terreno. En y alrededor de Silicon Valley, la meca de la tecnología digital, se encuentran los llamados utopistas tecnológicos. A sus ojos, la tecnología es la respuesta a todos los problemas humanos y sociales. Asimismo, se sitúan a la cabeza de un movimiento de transformadores del mundo y salvadores de la humanidad. ¿Uno de sus miembros más destacados? En efecto, Elon Musk.

La esperanza visionaria de Musk se basa en las siguientes hipótesis: la creciente escasez de combustibles fósiles puede destruirnos en el futuro. Por tanto, solo cabe una solución: apostar por la energía sostenible. Es evidente que esto no bastará para salvarnos al final. «Si no garantizamos la creación de civilizaciones de múltiples planetas, corremos el riesgo de sufrir unos posibles desastres naturales y que nuestra civilización se extinga», afirma Musk con tono serio.

Para Musk, esta es la única forma de salvar a la humanidad. No es una idea que se le haya ocurrido recientemente. El hecho de que de niño sufriera el acoso de sus compañeros sin duda contribuyó a que llegara muy joven a la conclusión de que algo no funcionaba en el mundo. Su amor por la ciencia ficción y la fantasía le infundió la idea de que era posible escapar de este mundo turbulento.

El poder de una esperanza combinada

De haber sido «solo» un visionario creador de esperanza, Musk probablemente no habría llegado tan lejos y se habría convertido en gurú que vende libros y ofrece lecturas. Pero sus cualidades como creador de esperanza van más allá. Musk es también un inventor. Y los inventores ofrecen esperanza a través de su inteligencia y creatividad. Crean una nueva y maravillosa perspectiva. Con el lema «si puedes imaginarlo, puedes crearlo», ofrecen soluciones viables para el futuro. La tecnología ocupa un lugar central en este escenario. Cohetes reutilizables, coches eléctricos y baterías de alto rendimiento: son la prueba tangible de que Musk no habla por hablar. Esto va acompañado de otra cualidad que ofrece esperanza. Musk también es capaz de comercializar unos productos increíblemente deseables. Aparte de un visionario y un inventor, esto le convierte en un emprendedor «en serie» extremadamente exitoso y audaz. No teme enfrentarse a los poderes fácticos, persistiendo cuando otros se rinden. Eleva el listón a una altura espectacular. Y cuando las cosas van mal, hace un esfuerzo adicional. Es el vivo ejemplo de que las personas no son los juguetes de factores externos o fuerzas naturales, sino que todo el mundo es capaz de coger la oportunidad al vuelo y hallar su propio camino. A diferencia de la mayoría de los creadores de esperanza, que se conforman con ser un visionario, un inventor o un emprendedor, Musk reúne estas tres cualidades, lo cual le convierte en un creador de una esperanza combinada. No en vano goza de gran popularidad entre los jóvenes *millennials*, al que admiran incluso más que a Obama como creador de esperanza.

Emociones positivas como fuente de esperanza

La esperanza se alimenta de emociones positivas, las cuales nos conmueven. Algo te toca o te inspira. Deseas algo con fuerza o encuentras algo que te parece muy hermoso. A los creadores de esperanza también les estimulan los sentimientos positivos. No es lo mismo que, pongamos, avanzar corriendo y gritando sobre un lecho de carbones encendidos o verlo todo de color rosa. Las emociones positivas tienen más que ver con sentimientos de autonomía, seguridad en uno mismo, optimismo y entusiasmo. No hay que buscar muy lejos para hallar estas emociones en Musk.

Autonomía: Musk no la obtuvo de un extraño

Su autonomía está fuera de toda duda: es obstinado, no teme nadar contra corriente, elige sus objetivos y mantiene las manos libres para poner en práctica esos objetivos como crea oportuno. Musk controla todos los aspectos de su vida. Lleva el timón de todo cuanto hace. En parte es una herencia genética. Su madre era el vivo ejemplo de una mujer autosuficiente, capaz de valerse por sí misma. Su padre, el abuelo de Elon, Joshua Haldeman, era un hombre independiente y excéntrico. Debido a la crisis de los años treinta perdió su granja, después de lo cual llevó una vida nómada, trabajando como obrero de la construcción, como payaso en un rodeo y como quiropráctico. Su sentido aventurero le llevó finalmente a él y a su familia a Sudáfrica. La educación de los niños estaba dirigida principalmente a enseñarles a ser autosuficientes. Joshua suponía que, sin necesidad de castigarlos, estos se comportarían instintivamente de forma correcta. La madre de Elon utilizó más o menos la misma táctica educativa con sus hijos, aunque no de forma tan extravagante. También era partidaria de ofrecerles la oportunidad de hacer sus propias elecciones. Así, a los ocho años Elon eligió vivir con su padre, y cuando a los diecisiete decidió partir para Canadá, nadie se lo impidió.

Seguridad en uno mismo: atreverse a correr riesgos

La autonomía no solo se encuentra en cada célula de Musk, sino que también posee una gran seguridad en sí mismo. Su fe en sus capacidades y conocimientos es inmensa. Esa fe se basa en sus conocimientos enciclopédicos y su memoria fotográfica. Incluso sin utilizar notas, es capaz de reproducir cada detalle de una conversación o entrevista que tuvo lugar hace varias semanas. Las cosas que no recuerda, pero que considera importantes, las asimila en tiempo récord. Lo que no le interesa lo deja de lado. Su extremada seguridad en sí mismo le convierte en un hacedor que va a por todas, que no teme correr grandes riesgos. No obstante, son unos riesgos bien calculados. Musk nunca traza un plan basándose únicamente en su intuición.

Un optimista nato: toda dificultad entraña una posibilidad

Musk es un optimista nato. Desborda optimismo a la hora de llevar a cabo sus objetivos. Su motivación intrínseca es la del hombre que lo ve todo en clave positiva. Cada dificultad presenta para él una posibilidad. No piensa en los problemas sino en las soluciones. Los errores no son una fuente de culpa o de vergüenza, sino una posibilidad para aprender más rápido. Pero no creas que Musk es un ingenuo o que actúa impulsado por un optimismo ciego. ¡Ni mucho menos! Es lo bastante realista para saber en lo que se mete y cuáles son los riesgos. Simplemente, utiliza la energía positiva que engendra el optimismo.

Musk nunca se traza un plan basándose únicamente en su intuición.

Los creadores de esperanza influyen en ti

Pongamos que se te ha ocurrido la idea más creativa e innovadora del mundo, y que si no consigues convencer de ella a los demás regresarás a casa con las manos vacías, por más que seas un creador de esperanza. Musk conoce la importancia de poner el foco sobre su mensaje de esperanza. Procura fascinar a sus seguidores (en potencia) por todos los medios posibles. ¿Cómo? En primer lugar, retomando cada vez su premisa fundamental: la Tierra está en peligro y debemos buscar un lugar que la sustituya en el espacio. Segundo, captando el interés de la gente con un torrente continuo de innovaciones que conectan directamente con esa premisa fundamental. Por último, compartiendo ese mensaje de una forma extremadamente atractiva. Musk es capaz de convertir el lanzamiento de un cohete, un evento bastante aburrido hoy en día, en todo un acontecimiento. Las imágenes en vídeo en tiempo real (SpaceX Webcast) permiten que todo el mundo siga el lanzamiento. Como espectador, te explican exactamente lo que vas a ver, hasta el último segundo, y por qué constituye un espectáculo tan emocionante e impresionante. Incluso te informan de antemano de las posibilidades de que el lanzamiento tenga éxito: durante el lanzamiento de mayo de 2016, eran del 72 por ciento (no de aproximadamente dos tercios, sino de exactamente el 72 por ciento). Los comentaristas hacen que el evento se asemeje a un apasionante combate de boxeo, en el que la pregunta en juego es: ¿logrará este intento derribar fronteras o fracasará?

El lado negativo

Quizá pienses que Musk es una especie de santo, que solo relata las historias más fabulosas y no tiene un lado oscuro. No olvides que Musk es humano, como el resto de nosotros, y tiene que lidiar con dos fuerzas que a menudo le perjudican. La primera es la exageración. Una exagerada autonomía con frecuencia es interpretada como un comportamiento empecinado y en ocasiones coercitivo. Una exagerada seguridad en uno mismo lleva a la arrogancia y un exagerado entusiasmo a una pasión poco escrupulosa. Como comprobarás en los siguientes capítulos, Musk se esfuerza a veces en contrarrestar su lado oscuro, en no llevar sus exageraciones demasiado lejos.

Otro factor que en ocasiones le perjudica es su infancia. De niño, Musk trató de evitar la dura cultura machista de Sudáfrica, lo cual consiguió en gran medida. Sin embargo, al parecer adoptó sin pretenderlo algunos de los importantes elementos de esta cultura. La dureza con que trata a los competidores hostiles y su desdén hacia ellos resulta comprensible. Los hombres de negocios se comportan a menudo como pandilleros, por lo que no debe sorprenderte que Musk dijera que Apple es el cementerio de Tesla, dado que se dedica a recoger las «manzanas podridas» de Tesla. Su implacable dureza a la hora de tomar decisiones empresariales también puede justificarse, y más al nivel en que compite, donde la gestión corporativa no está en manos de timoratos. Pero incluso sus empleados más leales saben que no deben contar con su comprensión.

Cuando su seguidora y asistente de muchos años, Mary Beth Brown, le pidió un aumento de sueldo, Musk sugirió que se tomara unas semanas de vacaciones, durante las cuales él asumió personalmente sus quehaceres para comprobar hasta qué punto eran esenciales. Cuando Mary Beth regresó de sus vacaciones, Musk la despidió. Si quieres salvar a la humanidad, no te quejes sobre el dinero. Otro empleado excusó su asistencia a un evento porque ese día nació su hijo. Musk le envió el siguiente correo electrónico: «Esto no es una excusa. Estoy muy decepcionado. Pon tus prioridades en orden. Estamos cambiando el mundo y la historia, y o te comprometes a hacerlo o no».

Musk niega este incidente, pero abundan las anécdotas que cuentan sus empleados e incluso su primera exesposa que demuestran que por lo general Musk prefiere adoptar una actitud dura y negativa en lugar de una tolerante y positiva. El fin justifica los medios. Quien desea ofrecer esperanza a veces no tiene más remedio que llevar a la gente a la exasperación.

El biógrafo de Musk, Ashlee Vance, lo describe así: «Su estilo duro e intransigente de gestión solo puede prosperar debido a las estratosféricas aspiraciones de la compañía».

Fotomontaje: SpaceX

Miniclase magistral de Musk:

la esperanza empieza por que te tomes tu idea en serio

Ahora que sabes qué infunde esperanza a Musk y cómo la transmite, ha llegado el momento de aplicarte estas lecciones.

- ¿Qué es una idea importante para ti, que casi nadie de tu entorno comparte contigo? ¿Por qué es tan importante esa idea para ti y por qué crees en ella? ¿Qué problemas piensas resolver con ella?
- Procura no formular tu idea solo de forma inspiradora, sino que debes corroborarla con datos.
- Demuestra continuamente que apoyas esa idea al ciento por ciento. ¿Tienes la suficiente seguridad en ti como para promoverla en el futuro? ¿Estás convencido o convencida de que puedes utilizarla para influir de modo positivo?

Un último consejo: no es preciso que sea una idea destinada a salvar de inmediato a la humanidad. Deja eso en manos de Musk.

5

PRINCIPIO 2

Ten en cuenta todos los detalles

Empieza con tu idea, pero pregúntate continuamente qué va bien y qué va mal, y procura adaptarte rápidamente a la realidad.

ELON MUSK

Aparte de ser un extraordinario creador de esperanza con ideas descabelladas, Musk también es un increíble observador. Esta es una segunda cualidad, crucial, de los generadores de olas. No dan nada por sentado, están abiertos a nuevas percepciones y formulan mil y una preguntas, siendo las tres principales: ¿por qué? ¿Por qué no? ¿Y si...? Ello les permite ver cosas que otros no ven.

¿Qué hace que seas un observador increíblemente perspicaz? Para empezar, tienes que saber contemplar la realidad de otra manera, con asombro y ánimo innovador. Tienes que prestar atención a lo que sucede a tu alrededor. Eres una persona curiosa y abierta a nuevas percepciones. Eres capaz de dar un paso atrás y observar el panorama general, pero también eres capaz de centrarte en los pequeños detalles. Otro rasgo típico de un observador increíblemente perspicaz: al contemplar las cosas desde distintas perspectivas, evita puntos de vista sesgados.

Los observadores increíblemente perspicaces no solo son curiosos, sino capaces de análisis sistemáticos y en profundidad.

Quieren saber por qué las cosas son como parecen ser. De esta forma, descubren conexiones y patrones subyacentes, utilizando el análisis lógico para formar con sus observaciones una visión coherente. Y esa visión permite al observador increíblemente perspicaz centrarse en las cosas que le interesan.

Un escéptico nato

Sin embargo, por más que observes las cosas y las analices, siempre existe la posibilidad de que tu imagen de la realidad no se ajuste exactamente a la realidad. Aparte del punto de vista innovador y un análisis en profundidad, el observador increíblemente perspicaz se distingue también por una tercera cualidad: nunca da por buena una conclusión sin someterla a examen. Porque el observador increíblemente perspicaz también es un escéptico nato, una persona extremadamente crítica en lo referente a sus conclusiones. Por consiguiente, un observador increíblemente perspicaz trata de socavar sus propias ideas de todas las formas posibles. Y solo cuando eso no da resultado, piensa que ha hecho un buen trabajo.

Elon Musk es un observador increíblemente perspicaz en todos los sentidos. Alerta y curioso, es capaz de modificar continuamente su perspectiva. Es un experto a la hora de analizar situaciones y hechos. Dirige su trayectoria personal y profesional con intransigencia. Y nunca abandona su infatigable búsqueda de datos críticos para contrarrestar su punto de vista y el de otras personas.

El cerebro de un observador increíblemente perspicaz

A fin de comprender cómo funciona, examinaremos brevemente el cerebro en general y en particular el de Musk. Nuestro cerebro se compone de al menos dos partes: un sistema primario que funciona a gran velocidad y nos ofrece continuamente información y puntos de vista sobre lo que observamos. Esto nos permite tomar rápidas decisiones basadas en escasa información. Pongamos que te encuentras en la selva y algo se mueve en los matorrales junto a ti. Tu rápido sistema cerebral te advierte de una probable amenaza, por ejemplo una serpiente venenosa o un peligroso depredador. Este sistema se denomina a veces «cerebro *flash*». Es muy útil en caso de peligro, o cuando, inmersos como estamos en el agitado ritmo de la vida moderna, tenemos que tomar rápidas decisiones.

El lado negativo: a menudo las rápidas suposiciones del «cerebro *flash*» son erróneas. Haz esta sencilla prueba ideada por el psicólogo Daniel Kahneman. Un bate y una pelota de béisbol cuestan juntos 1 euro y 10 céntimos. El bate es 1 euro más caro que la pelota. ¿Cuánto cuesta la pelota? La mayoría de la gente responde sin vacilar: 10 céntimos. Una respuesta rápida y fácil del «cerebro *flash*», sin pensar en ello. Si lo hicieras, comprenderías que esta respuesta no puede ser correcta. Un bate que cuesta 1 euro más que la pelota y una pelota que cuesta 10 céntimos arrojan un total de 1 euro y 20 céntimos. La respuesta correcta no es 10 céntimos, sino 5 céntimos. Puedes analizar este problema cuestionando tu primera respuesta intuitiva y utilizando luego tu segundo sistema cerebral: la parte más lenta y lógica.

Musk suele emplear su segundo sistema cerebral, más lento y racional. Nuestro primer sistema cerebral no se limita solo a eliminar el peligro, sino que nos induce a seguir pensando lo que pensamos siempre. Así fue como, en el siglo XIX, la búsqueda de mejoras en el transporte dio como resultado la crianza de unos caballos más resistentes. A nuestro primario y rápido sistema cerebral no se le ocurrió una nueva modalidad de transporte. Eso requería una forma de pensar diferente y más racional, que no se basara en el conocido mundo de los caballos y los coches, sino que formulara una pregunta más fundamental: ¿cuáles son las condiciones básicas del movimiento hacia delante? Solo a la persona que formule esta pregunta se le puede ocurrir la idea de una máquina de vapor o combustión. Sigue tratándose de caballos, pero de caballos de vapor. Este es el tipo de preguntas que hace Musk.

Iconoclastas

Hagamos un rápido resumen: los observadores increíblemente perspicaces se atreven a examinar las realidades existentes, ven cosas que otros no ven, están dispuestos a experimentar, no temen cometer errores e incorporan diversos fragmentos de conocimientos e información en un todo lógico y nuevo. El neurocientífico Gregory Berns califica a estas personas de iconoclastas. «Para ver las cosas de modo distinto a otras personas, la solución más eficaz es bombardear tu cerebro con cosas con las que nunca se ha topado», escribe Berns con respecto a los iconoclastas. «La novedad libera el proceso perceptivo de los grilletes de experiencias pasadas y obliga al cerebro a formular nuevos juicios.»

Está claro que Elon Musk es uno de esos iconoclastas. El propio Musk afirmó que el «análisis en profundidad» era un componente indispensable del primer principio: analiza minuciosamente todo lo que veas y evalúalo por partes lógicas, sin dar nada por sentado; formula tantas preguntas críticas como se te ocurran y trata de llegar a unas verdades de forma lógica y sistemática, a fin de basar las nuevas percepciones en estas verdades. No dejes que las rápidas y a menudo erróneas suposiciones del sistema cerebral primario te confundan; utiliza tu segundo sistema cerebral racional para buscar nuevas oportunidades y posibilidades. Como, por ejemplo, desarrollar una batería más barata y potente, un coche eléctrico o un cohete dirigido a Marte.

Musk exige un continuo feedback negativo sobre sus descabelladas y esperanzadoras ideas.

Dadme *feedback* negativo, por favor

Para descubrir los primeros principios, debes tener una mente sistemática y una gran capacidad de concentración. Ante todo, debes estar permanentemente receptivo a las críticas. Musk exige un continuo *feedback* negativo sobre sus descabelladas y esperanzadoras ideas. Detesta a los aduladores y lameculos. Por tanto, rechaza el concepto establecido de que el mejor sistema de motivar a los demás es alentarlos de forma positiva. Los halagos son buenos para el ego pero malos para la calidad de tus productos, dice. Solo una actitud autocrítica te ayuda a crecer. Y esto es lo que él trata de estimular en la medida de lo posible. «Siempre me apresuro a preguntar a la gente qué no les gusta sobre una determinada idea. Si les pido que ensayen un producto, solo quiero que me digan qué tiene de malo, que me den las malas noticias de inmediato y sin rodeos. Que no me hagan perder tiempo con los aspectos positivos, sino que se centren en los negativos. Yo siempre dedico más tiempo a los aspectos negativos que a los positivos», dice. El *feedback* negativo le mantiene atento y alerta. No quiere falsas esperanzas. A los miembros de su equipo les exige que adopten también esta actitud autocrítica. «Nadie es perfecto, todos cometemos errores. Quiero que mis empleados me digan sin rodeos si trabajan en algo que creen que puede fallar. Si lo sé de antemano, puedo reaccionar. A veces, las personas creen que pueden solucionar algo antes de que sea demasiado tarde. Quizá puedan hacerlo, pero yo quiero saberlo. Todos cometemos errores. Pero si un empleado no me informa de un error, si deja que se produzca un problema pensando que puede resolverlo él mismo y espera a que sea demasiado tarde, puede estar casi seguro de que le despediré.»

Musk quiere comprender y explicarlo todo, así como asegurarse de que tiene una base científica, antes de empezar a trabajar en un proyecto. Va enseguida a la raíz de cualquier problema, detecta patrones ocultos y conexiones inesperadas. No se recrea en sueños difusos, sino que concreta todos los aspectos del proyecto centrándose en los detalles y el panorama general. La experimentación le aporta nuevas percepciones. Pero cuando una determinada visión arraiga en su mente, nada ni nadie puede disuadirlo de ponerla en marcha. Tarde lo que tarde en conseguirlo.

Miniclase magistral de Musk:

Adopta una actitud alerta y crítica

Como todo observador increíblemente perspicaz, Musk ve el potencial que otros no ven analizando tanto los pormenores como el panorama general, formulando continuamente preguntas críticas y basando las respuestas a esas preguntas en la ciencia. ¿Cómo puedes aplicarte tú esta lección?

- Muestra la misma curiosidad que Musk y procura obtener una vista de pájaro de la realidad que te rodea. ¿Cómo se presenta el panorama general? A continuación, céntrate en los detalles. ¿Qué detalles te llaman la atención?
- Entretanto, no dejes de formular preguntas críticas: ¿por qué suceden ciertas cosas? ¿Por qué no se hacen de otro modo? ¿Qué ocurriría si...?
- Al igual que Musk, trata de llegar a la esencia fundamental del asunto que te parece más importante. Regresa a la base de las hipótesis y los hechos corroborados. Utilízalos como punto de partida y analízalos de forma lógica hasta dar con la mejor solución.

Un consejo respecto a esto: toma una hoja de papel en blanco y traza dos columnas. En la columna izquierda, escribe lo que sabes con certeza. En la columna derecha, escribe en qué punto te has atascado. Examina detenidamente en qué momento ha ocurrido y procura llegar a la solución más lógica.

6

PRINCIPIO 3

Apunta a Marte

*El primer paso consiste en determinar que algo
es posible; a partir de ahí ocurre la probabilidad.*

ELON MUSK

**Piensa en grande. Este es el tercer principio del
generador de olas. Es lo que hace Elon Musk. Sus
proyectos han pasado de grandes a gigantescos: no
pierde el tiempo con nimiedades. Le gustan los
panoramas visionarios y las ambiciones infinitas. Al
mismo tiempo, demuestra ser un experto en cuanto a
flexibilidad estratégica. En esto se asemeja a un
ajedrecista simultáneo, que juega en varios tableros de
ajedrez al mismo tiempo y mueve los peones de forma
tan calculada como sorprendente.**

En toda la historia de la raza humana, nunca ha sido tan fácil
poner en práctica ideas grandiosas. La tecnología nos permite
comunicarnos mejor entre nosotros, la información y los conocimientos están al alcance de todo el mundo y somos más
productivos y más sanos que nunca. Al mismo tiempo, las tec-

nologías hacen que nos resulte más difícil darnos cuenta de lo que realmente es importante. La comunicación por medio de tuits y la necesidad de alcanzar una mayor productividad que nos rodea crean mucho ruido, hasta el punto de que es prácticamente imposible distinguir las señales que son importantes para nosotros. El constante torrente de datos que recibimos nos distrae y cada vez nos resulta más difícil concentrarnos en tareas importantes.

Por consiguiente, nuestra vida está a menudo dominada por quehaceres triviales: planes y tareas que nos sentimos obligados a llevar a cabo lo antes posible. Nosotros mismos intensificamos aún más la presión con nuestro afán de llevar a cabo varios de estos objetivos triviales de forma simultánea. El hecho de centrarnos en mil y una cosas nos impide reflexionar sobre cuestiones importantes. La presión es tan enorme que en general solo veamos lo que tenemos ante nuestras narices, en lugar de concentrarnos en objetivos de gran magnitud y, la mayoría de las veces, futuros. El indeseado efecto secundario de esta dispersión: perdemos de vista lo que realmente es importante y deseamos. Nos hacemos más pequeños de lo que somos. Y desperdiciamos un potencial inmenso.

Una sueño increíblemente importante

¿Cómo salir de este ciclo? Concéntrate en uno o varios sueños increíblemente importantes durante un periodo más largo, unos sueños que quieres alcanzar cueste lo que cueste. Un método probado que incluso el presidente John F. Kennedy utilizó. En los años sesenta, los estadounidenses tuvieron que reconocer, mal que les pesara, que habían perdido el liderazgo tecnológico en los viajes espaciales ante los rusos. La razón: la NASA perseguía nada menos que 531 objetivos al mismo tiempo. Los departamentos trabajaban unos contra otros en lugar de juntos. La mayoría de los empleados no sabían lo que la NASA representaba, y menos qué se proponía. A fin de dar la vuelta a la situación, Kennedy decidió dar un paso tan insólito como eficaz: canceló todos esos objetivos y los sustituyó por un sueño. El sueño de mandar un hombre a la luna antes de diez años y conseguir que regresara a casa sano y salvo. En multitud de discursos recalcó que no se trataba solo de un sueño, sino de un sueño increíblemente importante, un sueño profundamente arraigado en los valores estadounidenses de demostrar agallas y derribar fronteras. La NASA recuperó su enfoque y llevó a cabo unos avances tecnológicos que parecían imposibles en tiempo récord. El sueño resultó ser contagioso: cuando los primeros astronautas pusieron un pie en la luna, estalló una auténtica «lunamanía» en todo el país y muchas partes del mundo.

Disparos a la luna: diez veces mejor

A partir de entonces, el afán de poner en práctica unos sueños increíblemente importantes perdió intensidad. Hasta que unas corporaciones de alta tecnología estadounidenses lo redescubrieron este siglo. Google, en particular, ha estado trabajando con ahínco en sus llamados «disparos a la luna»: unos proyectos muy ambiciosos e importantes que entrañan grandes riesgos y escasas probabilidades de éxito. El nivel de ambición suele expresarse con la fórmula «10x». Estos proyectos están diseñados para crear productos y servicios diez veces mejores que los existentes. Se basan en el concepto de que a menudo resulta más fácil hacer algo diez veces mejor que un 10 por ciento mejor. La persona que pretende hacer algo un 10 por ciento mejor utiliza lo que ya existe y cree que, trabajando con más ahínco y adquiriendo más medios, podrá conseguirlo paso a paso. Para hacer algo diez veces mejor, no debes dejarte influir por los convencionalismos, sino tener presente lo que necesitas. A tal fin, se ha creado un centro innovador rodeado de cierto secretismo: Google X. Los fundadores y dueños de Google han autorizado a este centro a pensar en grande. Actualmente, Google X está pensando en coches sin conductor, formas de combatir el cáncer y unos globos de Wi-Fi que flotarán en la estratosfera. En ocasiones, estos planes fracasan, como quedó demostrado con la primera versión de Google Glass.

> *Kennedy canceló esos 531 objetivos*
> *y los sustituyó por un sueño.*

Disparos a Marte

Puedes avanzar incluso un paso más. Musk no apunta a la luna, sino a Marte. Una aspiración arraigada en su filosofía de vida de que la vida en la Tierra se ha vuelto tan vulnerable que algún día nos veremos obligados a reubicarnos en otros planetas. El objetivo de Musk es enviar los primeros cohetes a Marte en 2018 y a las primeras personas en 2030. Aproximadamente a mediados de siglo calcula que habrá en torno a un millón de personas viviendo en el planeta rojo. Iniciarán la creación de una civilización extraterrestre, formando al mismo tiempo una población «de reserva» en caso de que las cosas en la Tierra vayan de mal en peor.

Si Elon Musk fuera solo un genial soñador y creador de esperanza, esto habría puesto fin a su proyecto. Pero para un pensador y un estratega no basta con tener esta visión. Se ha propuesto hallar el medio de alcanzar este objetivo. Como es natural, Musk sabe que crear una empresa de cohetes o una compañía de automóviles de la nada es una tarea imposible. A fin de cuentas, uno se enfrenta a unos adversarios muy poderosos e influyentes. Al mismo tiempo, ve grandes oportunidades para compañías que pueden comenzar a operar de cero en sectores industriales que apenas se han desarrollado durante el último medio siglo con respecto a la innovación. Musk suele descartar estas compañías existentes para concentrarse en sectores de mercado nuevos y sin explotar. La literatura sobre es-

Fotomontaje: SpaceX

trategia califica este enfoque como el «océano azul»: te sumerges en aguas inexploradas. Esto requiere agallas y experiencia empresarial, pero al menos evitas ser aplastado enseguida por poderosos adversarios decididos a defender su mercado a toda costa, utilizando unos métodos más o menos gratos.

Pese a que no ha renunciado a su aspiración de ir a Marte, Musk elige continuamente distintas rutas estratégicas para llegar allí. Al igual que en el caso de Roma, todos los caminos llevan a Marte.

La estrategia *low-cost* de SpaceX

¿Qué haces cuando quieres penetrar en un mercado dominado por empresas como Boeing y Lockheed? Unas compañías con tan escasa competencia que se han vuelto arrogantes y que ofrecen principalmente productos de alta gama a precios exorbitados. Para Musk, lo que hacen es semejante a construir un Ferrari cuando un buen coche de gama media puede ofrecer el mismo rendimiento. Musk ve en esto una oportunidad de oro: no se ha propuesto ofrecer lo mejor de lo mejor, sino construir unos cohetes relativamente económicos y reutilizables en los segmentos más bajos del mercado. Esta estrategia *low-cost* constituye una jugada maestra y cumple al menos tres propósitos. En primer lugar, al concentrarse en un segmento de mercado totalmente nuevo, Musk evita enfrentarse directamente con sus actuales y poderosos competidores. Segundo, su estrategia le está reportando unos beneficios inmediatos, que necesita para mantener su compañía y financiar otras aventuras espaciales. Con su estrategia *low-cost*, Musk satisface la creciente demanda de provisión de fondos para estaciones espaciales y lanzamiento de pequeños satélites. No solo ha conseguido estos fondos gracias a una lucrativa colaboración con la NASA, sino que ha evitado el peligro de que las arcas se quedaran vacías después de los tres fallidos lanzamientos de cohetes. La compañía goza ahora de una situación aún más holgada, en parte debido a la probable producción y lanzamiento en el futuro de los satélites de SpaceX.

Dentro de un tiempo, por supuesto, está previsto el viaje a Marte. Los beneficios obtenidos son utilizados por SpaceX con el fin de llevar a cabo este proyecto. Musk piensa siempre en términos de que todos salgan ganando: no solo sus actuales socios de negocios, quienes se beneficiarán de una calculada reducción en costos del 99 por ciento, sino que los viajes a Marte también se beneficiarán de unos cohetes asequibles y reutilizables. Si en 2016 un billete a Marte cuesta por persona 10 billones de dólares, Musk aspira a reducirlo a 500 000 dólares. Esto es veinte mil veces menos. Asimismo, Musk mata varios pájaros de una pedrada. Por ejemplo, un sistema de satélites que abarca todo el mundo no solo proporciona un torrente continuo de dinero y conexiones de internet en cada rincón del globo, sino que constituye la base de una plataforma de comunicaciones en el espacio.

En ocasiones da la impresión de que Musk hace cosas sin orden ni concierto. Hasta sus empleados lo piensan a veces. Para evitar que la gente le haga demasiadas preguntas, a menudo Musk se pone a pensar detenidamente para aclarar conceptos. Tras lo cual siempre señala la importancia del objetivo fundamental: hacer que la vida sea posible en Marte.

Tesla: empieza por algo pequeño antes de superar a otros

Al igual que con sus aventuras espaciales, Musk tuvo desde el principio una visión muy clara de lo que quería de una compañía de automóviles: no ofrecer acciones o vender coches a unos pocos ricos privilegiados. No, el objetivo es sacudir los cimientos de la actual industria automovilística. Los coches deben pasar de ser unos monstruos que engullen gasolina basados en una tecnología anticuada a unos vehículos silenciosos de hermoso diseño que indican que eres una persona guay.

Cuando fundó su propia marca de coches, Musk utilizó el conocido principio del líder increíblemente eficaz: recorrió todo el país para intercambiar ideas con todo tipo de inventores de coches eléctricos. Al cabo de algún un tiempo se asoció con dos hombres con los que fundó una pequeña compañía dedicada a producir coches eléctricos de lujo: Tesla Motors. El nombre es un homenaje a Nikola Tesla, un célebre idealista, inventor y experto en electricidad.

Quizá parezca que en el mercado automovilístico capitalista no hay lugar para un recién llegado. Pero al igual que con el desarrollo de sus planes aeroespaciales, Musk ve un mundo en movimiento y un mercado interesado en los coches eléctricos. Para convertir el proyecto en un éxito, simplemente tienes que ser un innovador con unas ideas a las que no estás dispuesto a renunciar. Que no pretende innovar porque sus reguladores te indican que lo haga, como hacen otras marcas de coches, sino porque lo deseas.

Aunque Musk consiguió evitar la competencia de las compañías aeroespaciales existentes concentrándose en el inexplorado mercado de cohetes asequibles y reutilizables, en el caso de Tesla eligió un camino estratégico distinto: empieza por algo pequeño antes de tratar de superar a otros. Musk comenzó por desarrollar un atractivo coche deportivo, el Roadster, dirigido al segmento de coches de lujo no muy importante en cuanto a beneficios pero llamativo. Una idea genial, porque al empezar

Foto: SpaceX

en un segmento de mercado relativamente pequeño no desafías de inmediato a la competencia. Por lo demás, puede utilizar a ricas celebridades para captar la atención del público. Otra ventaja: en tanto que un recién llegado al mercado, puede empezar a desarrollar su coche eléctrico sin demasiados problemas.

Compartir estrategias

¿Sin demasiados problemas? Lo sorprendente es que Musk da a conocer sus intenciones estratégicas de antemano. Quiere que la gente sepa que se propone comercializar en primer lugar un coche deportivo. Con el dinero que gana quiere empezar a fabricar el sedán (el Modelo S) dirigido a un segmento de consumidores más amplio pero no numeroso. Solo después colocará en el mercado un coche eléctrico asequible (el Modelo 3) dirigido al público general. Los continuos fallos en las fechas de entrega previstas y las ventas relativamente bajas de los dos primeros modelos provocan comentarios de conmiseración por parte de marcas de coches establecidas. Sin embargo, el temor empieza a apoderarse de la industria automovilística. Al cabo de unas semanas, más de 400 000 aspirantes a compradores desembolsan 1000 dólares para que les entreguen el Modelo 3 en un plazo de entre uno y dos años. Esto recuerda la «ola» que creó Apple cuando introdujo los nuevos modelos de iPhone e iPad.

Tesla no se limita a fabricar coches. La compañía va actualmente en cabeza de los productores de baterías recargables. Un acontecimiento que ocurrió de forma más o menos espontánea, cuando resultó que los fabricantes de baterías no podían satisfacer las elevadas demandas de Tesla. Aplicando un razonamiento lógico y tras miles de experimentos, el equipo de Musk se puso manos a la obra para desarrollar unas baterías de alto rendimiento que fueran lo bastante seguras para utilizarlas. Esto llevó a la construcción de una gigantesca fábrica de baterías ubicada en pleno desierto de Nevada: la Gigafactory. A partir de 2020, se calcula que producirá más de medio millón de baterías al año. Musk ha superado el estadio de empezar por algo pequeño para derrotar a la competencia. Ha crecido tanto que las olas pequeñas ya no le interesan; está convencido de que puede hundir a la competencia con «gigaolas». Esto se llama flexibilidad estratégica.

SolarCity: energía solar sin problemas

De las baterías a la energía solar va un pequeño paso. Es otro tema que Musk estudió a fondo cuando estaba en la universidad, pero que no pudo llevar a cabo por falta de tiempo. Hasta que dos de sus primos, con los que creció en Sudáfrica y que también emigraron a Estados Unidos, le preguntan si podía ofrecerles un nuevo proyecto que les reportara dinero y satisficiera sus ambiciones. Musk les propone la energía solar. En 2006, después de investigar a fondo el mercado, fundan SolarCity. El objetivo último: fabricar paneles solares viables y asequibles para el consumidor medio en virtud de una estrategia basada en el servicio integral. Hay algunos obstáculos que deben salvar: los costes de los paneles solares son muy elevados y la instalación resulta a veces problemática. Musk y sus primos obtienen los fondos para financiar su proyecto ofreciendo un software que indica si la energía solar resulta o no rentable y la opción de alquilar los paneles solares. Utilizando sus propios equipos para instalar los paneles solares, SolarCity se convierte rápidamente en el instalador más importante del país.

SolarCity empieza a cotizar en bolsa en 2012 con un valor de 7000 millones de dólares. Cabe decir que más de dos tercios de esa cantidad se han evaporado. Sin embargo, esto no minimiza el logro de obtener beneficios en un mercado imposible. «A estas alturas, uno no puede por menos que preguntarse si el éxito de Musk no constituye una crítica contra el resto de nosotros, que hemos estado trabajando en unos proyectos mucho más incrementales —comenta Peter Thiel, su exsocio en PayPal—. En la medida en que el mundo sigue dudando de Elon, creo que refleja la demencia del mundo más que la supuesta demencia de Elon.»

El imperio empresarial de Elon Musk

Musk exhala energía: ansía viajar al espacio y poner el mundo patas arriba en cuanto pueda. Ha cumplido unos objetivos que muchos decían que fracasarían, como fabricar coches eléctricos o baterías de alto rendimiento a un precio relativamente asequible. Y sigue lanzando nuevas ideas y ambiciones, como un sistema de transporte superveloz, aviones eléctricos que puedan despegar y aterrizar horizontalmente y una red global de satélites para llevar internet a todos los rincones del mundo y el espacio que nos rodea.

Todas estas ideas juntas han conformado un ecosistema empresarial que Musk dirige o financia, que sigue expandiéndose: las tres compañías que hemos citado (SpaceX, Tesla y SolarCity) constituyen el núcleo de su imperio.[2] Cada una de estas compañías comenzó de cero y tuvo que luchar para llegar a lo más alto. Hoy en día, SpaceX es la única compañía aeroespacial seria (las empresas competidoras del director de Amazon, Jeff Bezos, y del jefe de Virgin, Richard Branson, no pueden compararse con SpaceX). Tesla se ha convertido en una marca que continúa en fase ascendente, y SolarCity está a la cabeza del mercado de energía solar. Asimismo, a medida que los vínculos corporativos entre estas empresas crecen y se hacen más fuertes, resulta cada vez más difícil analizarlas de forma individual.

---

2. Además de dueño de SpaceX y Tesla, Musk es copropietario y miembro del consejo de administración de SolarCity, ha invertido en una compañía de satélites (Surrey Satellite Technology), una web de preguntas y respuestas (Mahalo.com), un sistema de pago online (Stripe, que, curiosamente, compite con PayPal), una compañía de inteligencia artificial (Vicarious, otra curiosa inversión habida cuenta la inquina que le inspira el tema) y una compañía que se ocupa de investigaciones neurocientíficas (NeuroVigil). También es el inspirador de la idea de un sistema de trasporte extremadamente veloz (Hyperloop). Y asimismo patrocina varias obras benéficas (Musk Foundation, Tesla Science Center, Future Life Institute, Open AI) y es miembro de la junta de la XPrize Foundation.

SpaceX desarrolla materiales utilizados en Tesla, y SolarCity vende las baterías de Tesla a corporaciones y clientes particulares. A medida que la estrella de Musk sigue ascendiendo, políticos e inversores se muestran dispuestos a recibirlo con los brazos abiertos. A fin de cuentas, Musk simboliza el progreso y el éxito. Y todo el mundo quiere un trozo del pastel.

Miniclase magistral de Musk:

Atrévete a perseguir tus mayores ambiciones

Para traspasar límites y llevar a cabo unos logros revolucionarios empieza por formular unas ambiciones apasionantes, inspiradoras y difíciles, como demuestra Musk. También es importante mostrarte flexible en la forma en que llevas a cabo estas ambiciones. ¿Cómo puedes aplicarte estas normas?

- Piensa: ¿cuál es tu mayor ambición? ¿Qué problema quieres solucionar? ¿La solución que se te ocurre hace que las cosas sean diez (o más) veces mejores? ¿Tu idea te apasiona y estás dispuesto o dispuesta a perseguirla sin renunciar a ella?
- Describe la estrategia para fijar tu camino o caminos: ¿cómo piensas llevar a cabo tu ambición? ¿Has pensado detenidamente en por qué has elegido o no has elegido una determinada estrategia? ¿Estás convencido o convencida de que este es el camino indicado para alcanzar el éxito?
- Digamos que has puesto en marcha el proyecto y tu estrategia inicial resulta menos eficaz de lo que creías. ¿Qué haces? ¿Dejas que te derrote y renuncias a tu ambición? ¿Sigues tenazmente adelante con tu estrategia original? ¿O demuestras una flexibilidad estratégica y eliges otro camino?

7

PRINCIPIO 4

Juega para ganar

Rendirse nunca es una opción. Nunca.

¿Cómo consigue Musk mantener tantas pelotas en el aire? Quizá sea porque se plantea su trabajo como un juego. Musk es un superfanático y tan motivado como cualquier aficionado a los videojuegos. Cada día se sumerge de lleno en su trabajo, deteniéndose ante nada ni nadie para alcanzar sus objetivos. Perder no forma parte de su vocabulario. Esta también es una cualidad del auténtico generador de olas: no rendirse nunca y jugar siempre para ganar.

Un sábado, Ashlee Vance, que está escribiendo la biografía de Musk, le visita en el cuartel general de Tesla en Palo Alto. Aunque es fin de semana, el aparcamiento está lleno de coches. Centenares de personas están trabajando en el edificio. Vance comenta a Musk que le impresiona la extraordinaria ética de trabajo que impera allí. Musk no está de acuerdo y se queja de que muchos empleados no acuden a trabajar los fines de semanas. «Nos estamos convirtiendo en una panda de blandengues.»

Apenas me sostenía en pie y estaba mentalmente destrozado, pero enseguida me acostumbré a esta rutina, que me entusiasma y a la que soy adicto.

Uno de los primeros empleados de SpaceX –que figura en la lista con el número que le asignaron, el 23– había trabajado anteriormente para uno de los competidores. Allí hablaban y discutían mucho, pero había poca acción. En SpaceX sucede todo lo contrario. Después de obtener el empleo, tuvo que abrocharse el cinturón y sumergirse de lleno en el trabajo. Trabajaba doce horas al día, dormía diez y regresaba directamente a la fábrica. «Apenas me sostenía en pie y estaba mentalmente destrozado –declara en la biografía escrita por Ashlee Vance–, pero enseguida me acostumbré a esta rutina, que me entusiasma y a la que soy adicto.»

Trae tu saco de dormir al trabajo

El secreto del espectacular éxito de Musk es una receta muy vieja: trabajar duro. Musk elige un objetivo en el que cree a pies juntillas y se lanza a él con absoluta dedicación, día y noche, hasta que logra alcanzarlo. No deja que cuestiones triviales le distraigan, sino que desafía a otros a que hagan un esfuerzo adicional y superen sus propias expectativas.

Las personas que trabajan para Musk se encuentran en una especie de campamento militar, donde les empujan hasta sus límites y no tienen un momento de paz. Trabajan doce horas al día seis días a la semana. Muchos empleados trabajan incluso más horas. Trabajar para Musk significa que te encargan misiones imposibles que tienes que afanarte en cumplir. Entretanto, te abruman con nuevas exigencias o te obligan a adelantar los plazos convenidos. Y durante todo el tiempo sabes que los ojos del jefe están constantemente sobre ti. No en vano la mesa de Elon Musk está situada en el centro del área de trabajo. Esto permite a sus empleados acceder a él con facilidad, y de paso le permite a él tenerlo todo controlado. Día y noche, si fuera posible. Literalmente.

En mayo de 2016, Musk anuncia que Tesla ha revisado sus ambiciones y se propone fabricar nada menos que 500 000 coches en 2018. Este era originalmente el objetivo fijado para 2020, que los críticos ponían en duda puesto que la cifra record en 2015 fue de «solo» 50 000. Pero Musk adelanta el plazo otros dos años. Al mismo tiempo, dobla el objetivo para 2020 a 1 millón coches. Dos de sus principales ejecutivos eligen ese momento para presentar su dimisión. Unos días más tarde, Musk casi ha completado de nuevo su equipo: ha logrado arrebatar a un competidor alemán una de sus estrellas de producción. En realidad, esos plazos no constituyen un objetivo para él, sino un medio de mejorar cuanto antes el mundo con sus inventos. «Por supuesto que no fabricaremos 500 000 coches en 2018. Y ese millón de coches en 2020 será todo un reto. Pero haremos lo que podamos y tengo un saco de dormir en una habitación contigua al área de trabajo.»

Una dedicación rayana en la adicción

¿No puedes seguir el ritmo? Entonces tómate unas vacaciones extralargas. No es necesario que regreses al trabajo. Trabajar para Musk significa una dedicación rayana en la adicción, en una época en que los trabajos en otros sitios consisten principalmente en «hacer lo que uno quiera». Dulces sueños, que diría Musk. Los que trabajan con ahínco y dedicación llegan más lejos y consiguen más cosas. Siempre ha sido así y sigue siéndolo.

La dedicación de Musk no tiene límites. Una típica semana laboral empieza para él con una jornada y media en la fábrica de SpaceX en Los Ángeles, después de lo cual se traslada en su reactor privado a una de las oficinas y fábricas de Tesla, para regresar a SpaceX a finales de semana. Entretanto, se ocupa también de las otras compañías de su ecosistema, además de proyectar y anunciar nuevas tecnologías e innovaciones comerciales, mantener contacto con altos ejecutivos y políticos, negociar para nuevas instalaciones de producción, asistir a lanzamientos de cohetes y ofrecer presentaciones. Musk tiene cinco hijos, a los que dedica su tiempo y atención los fines de semana.

Energía irreprimible

Sus amigos y enemigos coinciden en una cosa: Musk posee una energía extraordinaria. Según su exesposa, Justine, su cuerpo es como un tanque. «Tiene una vitalidad y una resiliencia para el trabajo increíbles.» Está acostumbrado a trabajar sin parar y, en caso necesario, aislarse complemente del mundo. Musk demuestra poseer una resiliencia enorme: la capacidad de centrarse en una o varias tareas, sin dejar de prestar atención a otras cuestiones, como su correo electrónico, aplicaciones y reuniones.

¿De dónde saca Musk tanta energía? Nació con ella, pero su extraordinaria energía también se nutre de diversas fuentes. Como la atención que dedica a las actividades y los objetivos en los que cree. Su pasión no obedece a la necesidad de adquirir fortuna o fama. Lo de Musk es vocacional. Hace cosas porque desea hacerlas y porque cree en ellas.

Una segunda fuente de energía es su curiosidad y afán de ampliar sus conocimientos. Cada nuevo pensamiento y cada nueva iniciativa le proporcionan más energía que la que consume. La tercera fuente de energía son sus logros. Es bien simple: los logros te procuran energía. Todo atleta lo sabe. Lamentablemente, muchos ejecutivos lo han olvidado. Suelen conseguir lo que se espera de ellos, que por lo general significa unos resultados mediocres. Y la mediocridad rara vez te proporciona energía. Por tanto, no es de extrañar que Musk luche contra la mediocridad.

Alejandro Magno

Sus ambiciones son insaciables. El trabajo nunca está completado y siempre existe la posibilidad de hacerlo de modo más eficaz, más rápido y mejor. No en vano Alejandro Magno constituye un ejemplo para Musk. También era un estratega, un innovador y el constructor de un imperio con un apetito insaciable. Alejandro tenía un objetivo: llegar al Océano Infinito, donde los griegos creían que finalizaba el mundo que conocían. A tal fin, él y su ejército penetraron en lo más profundo del continente indio. Ante cada río o montaña que se interponía en su camino, Alejandro animaba a sus hombres diciendo que había que apretar los dientes y seguir adelante. A fin de cuentas, casi habían llegado a su destino.

Puede que Musk no sea un conquistador del mundo en el sentido literal de la palabra, pero su pasión y perseverancia no son menores que las de Alejandro. Está dispuesto a arriesgarlo todo. A sus empleados les exige continuamente que rindan más, llevándolos a la desesperación. ¿Le preocupan posibles obstáculos como leyes o problemas de carácter práctico? Musk los despacha sin ceremonias. Solo le interesa la forma en que puede llevar a cabo sus deseos. Un ejemplo: para establecer una conexión de fibra de vidrio más veloz entre sus oficinas, tuvo que solicitar la servidumbre de paso a sus vecinos antes de realizar la instalación. Cuando estos se negaron, Musk y su gerente recurrieron a un ardid. Los cables de fibra de vidrio estaban ocultos dentro de unos cables eléctricos y telefónicos normales y visibles. «Lo hicimos en un fin de semana, en lugar de esperar meses para obtener los permisos», dijo el gerente.

Nanogestor

Esta faceta rebelde tiene también su lado opuesto. Musk también puede comportarse con sus leales empleados como un temible e implacable microgestor. Él mismo se autodenomina con orgullo un nanogestor. Quiere intervenir en cada detalle. El error gramatical más nimio en un correo electrónico es castigado de inmediato, y cuando se produce algún defecto en un producto, por pequeño que sea, Musk detiene por completo toda la producción. Todo tiene que ser perfecto. Y solo es perfecto cuando lo dice Musk. No le vayas con absurdas excusas o explicaciones de que hiciste lo que hiciste porque siempre se ha hecho así. Puedes tener la seguridad de que te caerá una buena bronca, acompañada por una sarta de palabrotas, y te echará sin contemplaciones.

La emoción del juego

Aparte del hecho de que la misión de Musk les entusiasma, existe otro factor que explica por qué Musk y sus empleados están dispuestos a trabajar un montón de horas al día: convierten su trabajo en un juego hasta que entran en un estado denominado «flujo». Como en un videojuego. Estos juegos parecen discurrir como un hilo rojo a través de la vida y el trabajo de Musk. Comercializó su primer videojuego cuando tenía doce años. Es un jugador fanático. Hace unos años, cuando una periodista estadounidense visitó a Musk para hacerle una serie de entrevistas, lo encontró en el sótano, absorto en un videojuego. La habitación estaba diseñada para esta actividad, con un sofá, una pantalla gigante de televisión y una mesa para la consola. Eran los únicos muebles que había en el sótano.

Esta decoración minimalista se extiende al resto de la casa. Aunque Musk tiene cinco hijos, no hay ningún objeto propio de un niño. Nada indica la presencia de mascotas, aunque Musk tiene dos perros. No hay el menor rastro de una presencia femenina, pese a que en aquella época Musk estaba aún casado. Los elementos personales, como fotografías o recuerdos de viajes, también brillan por su ausencia.

Está claro que a Musk le gusta que todo presente un aspecto fresco y limpio. En sus oficinas verás lo mismo. Los relucientes suelos de las fábricas y las oficinas de Tesla y SpaceX están revestidos con resina epóxica y las paredes son de un blanco inmaculado. Exacto, como un gigantesco espacio para videojuegos.

Superar obstáculos

Así pues, el juego no constituye simplemente una metáfora sino un ejemplo perfecto del método de trabajo de Musk. Los juegos se distinguen por el hecho de que hay un claro objetivo final. Para alcanzar este objetivo, tienes que resolver numerosos problemas y superar diversos obstáculos. Operas en un medio que cambia sin cesar. Tienes que tomar constantemente decisiones y llevar a cabo diversas actividades. Los resultados se tienen muy en cuenta, por lo que sabes exactamente si lo estás haciendo bien o mal. Otros dos componentes cruciales de un videojuego: participas voluntariamente y juegas para ganar. Para superar a los demás, pero también a ti mismo. Los retos y la competencia prestan emoción al juego y te mantienen ocupado durante horas, días y meses.

Musk no solo juega a videojuegos en su casa. Cuando se desplaza de una ciudad a otra suele alojarse en casa de amigos, quienes a menudo le oyen proferir palabrotas a altas horas de la noche, peleando contra adversarios virtuales y persiguiendo causas nobles. En el trabajo, cuando llega el momento de la pausa vespertina, todos se reúnen para jugar a unos juegos consistentes en eliminar a tantos adversarios como sea posible. Incluso en esos momentos Musk demuestra ser un jugador fanático y suele ganar, porque conoce todos los trucos para vencer a sus oponentes. Porque Musk siempre juega para ganar. Literal y figurativamente.

Miniclase magistral de Musk:

Arriésgate y procura ganar

Musk juega para ganar. No solo trabaja muchas horas, sino que es capaz de concentrarse por completo en sus tareas. ¿Cómo puedes aplicarte esta norma?

- ¿Hasta qué punto te lleva tu intrínseca motivación (puedes llamarla también obsesión o pasión) a ganar en áreas que son importantes para ti? ¿Qué pretendes conseguir? ¿Hasta qué punto quieres superarte para conseguir cosas que nunca has conseguido?
- ¿Hasta qué punto eres capaz de no perder tu concentración debido al estrés? ¿Demuestras la suficiente fuerza de voluntad para alcanzar tu objetivo, cueste lo que cueste? ¿O te rindes fácilmente? En tal caso, ¿por qué o hasta qué punto estás dispuesto o dispuesta a cambiar esto?

Un consejo: no te dejes engañar por el cuento de que tienes que acometer varias tareas a la vez como Musk. Porque Musk no hace eso, sino que continuamente termina una tarea en su mente y luego aborda la siguiente. Lo cual es muy distinto: esto es acometer unas tareas en serie de una en una.

8

PRINCIPIO 5

Conmueve a la gente

Si te despiertas por la mañana y piensas que el futuro será mejor,
es un día espléndido. En caso contrario, no lo es.

ELON MUSK

Sin duda, Musk es un experto a la hora de inspirar a la gente. Es inteligente y tiene una mentalidad terca y científica. Persigue grandes ambiciones y le gusta llevar siempre las riendas. Es apasionado en todo lo que hace. ¿Pero domina los aspectos emocionales y sociales? Esto es más difícil de imaginar. Sin embargo, tiene el don de atraer, como nadie, a las personas. Lo hace adrede: sabe que una persona no puede generar olas sin la ayuda de otros. Este es el quinto principio de los generadores de olas.

La imagen que hemos creado de Musk en los capítulos anteriores es la de un genio, un prodigio y un heroico líder. Esto nos sitúa dentro de la larga y admirable tradición de publicaciones sobre «hombres extraordinarios». Es característico de esta tradición elogiar las cualidades y los logros individuales de «lobos solitarios». Esto suele crear una imagen un tanto sesgada e incompleta. Por otra parte, los logros nunca pueden atribuirse exclusivamente a una sola persona. En cierta medida, siempre dependen del *feedback* y el apoyo de otros. Incluso Alejandro Magno, el referente de Musk, en última instancia dependía del apoyo y la voluntad de luchar de sus hombres. Cuando sus soldados, cansados y exhaustos debido a tantas privaciones, se negaron a seguir marchando hacia el Océano Infinito, el conquistador del mundo no tuvo más remedio que dar marcha atrás.

Emociones positivas, por favor

Musk es considerado en general un empollón superinteligente, que utiliza principalmente sus facultades racionales y no posee unas marcadas facultades emocionales y sociales. Ciertamente, basándonos en lo que dicen sobre él los miembros de su familia, exesposas y (antiguos) empleados, no tiene una gran habilidad para modular y verbalizar sus emociones. Por lo que a él se refiere, es preferible evitar las emociones negativas, como la pérdida de su primer hijo a causa del SMIS (síndrome de muerte infantil súbita). «No veo por qué debo hablar sobre un acontecimiento tan profundamente triste. No aporta nada al futuro. No estoy seguro de lo que debe hacerse en estas situaciones.» Se siente más cómodo expresando emociones positivas. Pero prefiere hacerlo con personas con las que mantiene una estrecha colaboración y a las que conoce íntimamente. Su actitud durante eventos públicos suele ser distante y titubeante. Está claro que no sabe cómo responder a los elogios que le dedican, y como no sabe qué decir a un público tan numeroso y expectante, a veces sus palabras brotan confusas y balbucientes. A esto debemos sumar su fama de duro e implacable a la hora de romper relaciones personales y de negocios («más vale que no te enzarces en una guerra con él»), su ocasional malhumor y sus arrebatos de ira, y el cuadro que emerge no es precisamente el de un líder emocionalmente estable y socialmente competente.

Con nuestro agradecimiento, la humanidad

Cuando observamos el perfil de la personalidad de Musk, su falta de empatía y de habilidades sociales no resulta tan sorprendente. Es la naturaleza de la bestia. La empatía es un término abstracto para Musk, que tiende a proyectarla sobre la humanidad en su conjunto en lugar de sobre los individuos. Esto hace que en ocasiones ignore por completo sus propios sentimientos y los de otras personas, pero cuando el tema es algo tan abstracto como la humanidad, es capaz de mostrar una gran emotividad. Sus admiradores lo saben y aprecian esta cualidad en él. En cierta ocasión, cuando Musk se hallaba con su hermano en un restaurante de comida rápida, una persona a la que no conocían se acercó para ofrecerles una copa con una nota adjunta, dándoles las gracias por «un futuro que nos inspira a formar parte de él». Firmado: la humanidad.

Gracias a su cerebro increíblemente perspicaz y su afán de adquirir siempre nuevos conocimientos, Musk ha logrado compensar sus fallos emocionales y sociales cuando la ocasión lo requiere. Lo que no siente espontáneamente, ha aprendido a simularlo con maestría. De hecho, esto le convierte en una persona emocional y socialmente «inteligente». Basta observar la forma en que se desenvuelve socialmente. Su sentido social está enfocado en cosas que le interesan intelectualmente o que desea llevar a cabo cueste lo que cueste. Musk, como cualquier auténtico Cerebro que se precie, es muy selectivo en lo que respecta a sus relaciones sociales. Sin embargo, se mueve con total facilidad entre distintos mundos sociales. Tan pronto lo vemos en círculos políticos o empresariales para promover sus planes de negocios, como hablando en las redes sociales para compartir productos nuevos. Comparte sus innovadoras ideas como *open source*, siempre y cuando ello beneficie a sus objetivos corporativos. Y si no dispone de tiempo, suele dejar que otros se encarguen de rematar algunas ideas importantes, como el método de transporte superveloz que hemos comentado. A fin de cuentas, esto le ayuda a llevar a cabo sus objetivos.

El poder de permanencia de un superjefe

Esta última cualidad le convierte en un líder muy atractivo para muchas personas. Un estudio estadounidense realizado con unos graduados mostró que casi un tercio (32 por ciento) eligió a Musk como el mentor ideal; el único que se aproximaba a él era Bill Gates (23,8 por ciento). Otros líderes conocidos, como Tim Cook de Apple, Larry Page de Google y Jeff Bezos de Amazon, obtuvieron menos del 5 por ciento cada uno. La principal razón de la popularidad de Musk como líder es su ojo para descubrir talentos frescos, ofreciéndoles la oportunidad de proponer nuevas ideas y llevarlas a cabo como crean oportuno. El hecho de que les diga lo que opina de ellos es una ventaja adicional. Esa sinceridad es muy apreciada por los jóvenes.

En términos generales, cabe decir que Musk es un «superjefe»: un líder que no solo tiene la habilidad de descubrir talento muevo, sino que las personas dispuestas a realizar todo su potencial se sienten poderosamente atraídas por él. Pese a que en ocasiones su conducta es censurable, los superjefes han venido para quedarse. Según un estudio a largo plazo realizado por el profesor estadounidense Sydney Finkelstein, los superjefes suelen ser autónomos, poseen una gran seguridad en sí mismos, están totalmente entregados a su visión y muestran una actitud entre competitiva y tolerante.

Musk está siempre alerta para descubrir nuevos talentos, personas con el factor x, esto es, el afán y las cualidades para llevar a cabo la misión de Musk. A fin de promover su objetivo, Musk no solo visita periódicamente algunas universidades, sino que tiene la habilidad de detectar talentos desconocidos. Como por ejemplo Tom Mueller, que viene dedicándose a construir pequeños cohetes desde que era un niño. Después de graduarse, trabajó para varias importantes compañías aeroespaciales, donde tenía plena libertad para experimentar con nuevos motores para cohetes. En su tiempo libre suele relacionarse con personas que comparten su pasión, muchas de las cuales dejaron sus empleos para construir cohetes en sus propios talleres. Un domingo de 2002, Musk fue a ver a Mueller, asediándolo con centenares de preguntas. Al cabo de una hora, convencido de su talento, Musk lo contrató nombrándolo «empleado fundador» de SpaceX. En la actualidad Mueller es vicepresidente.

Proponer retos y crear espacio para maniobrar

Ni siquiera un superjefe puede reclutar personalmente a los 5000 empleados de SpaceX y los 14 000 de Tesla. Hoy en día existe un procedimiento estándar para esto, que también han incorporado otras compañías de alta tecnología. Un candidato en potencia es sometido a una serie de pruebas y entrevistas, a veces distendidas y otras muy intensas. Si consigue salir airoso, aún le queda una última prueba, redactar un ensayo para Musk explicando las razones por las que desea trabajar para la compañía. Tiempo atrás, a esto seguía una entrevista personal con el gran jefe, pero hoy en día este es un privilegio reservado a los empleados de mayor nivel. Una vez que te han contratado, tú mismo adquieres el material de oficina y empiezas a trabajar lo antes posible. Con una misión imposible, por supuesto. A fin de cuentas, es la norma en todas las compañías de Musk.

Como es natural, los superjefes como Musk hacen mucho más que reclutar y seleccionar a nuevos talentos. Crean una cultura abierta, en la que ofrecen a la gente espacio para maniobrar. Ellos encabezan la vanguardia y son los primeros en dar ejemplo. Y también saben cuándo ha llegado el momento de decirse adiós. Siempre tienen presente el hecho de que el talento nunca deja de crecer y que en cierto momento desea desplegar las alas. Cuando esto sucede, la siguiente generación de talentos espera a la vuelta de la esquina.

Un sargento

Los artículos y libros sobre el nuevo tipo de liderazgo a menudo sostienen que el tiempo de los jefes ha terminado. Existe cierta tendencia a «eliminar» a los jefes. Y aun cuando sigan siendo necesarios, solo se salvan los jefes amables y comprensivos, quienes principalmente se dedican a inspirar, facilitar, empatizar, asesorar y comunicar. Un superjefe como Musk no encaja ni de lejos en este perfil. Es más bien una mezcla de lo que Finkelstein describe como iconoclastas en ciernes –unos líderes obstinados y visionarios que van a lo suyo– y gloriosos cabrones, unos líderes empeñados en ganar a toda costa. El afecto y la amabilidad no forman parte del territorio de Musk. Con frecuencia se comporta como un sargento.

Si trabajas en SpaceX o en Tesla, no esperes que te den las gracias por un trabajo bien hecho. Lo más probable es que te pregunten con tono brusco por qué no lo terminaste antes. También debes estar preparado para la noticia de última hora de que tu trabajo no ha servido para nada, porque entretanto el jefe ha dado nuevas órdenes. Mala suerte. En tu primera entrevista con el gran jefe, su asistente te advierte de antemano: «Elon seguramente seguirá escribiendo correos electrónicos y trabajando durante la primera parte de la entrevista, sin apenas despegar los labios. Pero no te preocupes. Es normal. Al cabo de un rato se girará en su silla hacia ti». Olvídate de prolijas y exhaustivas charlas informativas. Lo más probable es que Musk te someta a un interrogatorio de penetrantes y complicadas preguntas, preferiblemente respondidas correctamente a la primera.

La cultura de trabajo de Musk consiste más en hacer que en hablar. Todo se tiene que hacer deprisa, deprisa, deprisa. Musk te azuza continuamente para que rindas más. Si se presenta un problema, ahí está Musk. La jornada laboral no termina hasta que se el problema se resuelve, generalmente con Musk frente. Porque, pese a todo, Musk no es un líder distante que idea nuevos proyectos en un despacho alejado del lugar de trabajo.

Está en el centro de sus empleados, en su mayoría varones, y muy presente. De vez en cuando, esto da pie a unos momentos conmovedoramente tiernos de un grupo de tíos trabajando los domingos y hablando de temas tecnológicos por las noches mientras comen unas pizzas. Y, naturalmente, de ganar la batalla de mañana…

Como líder, Musk es más bien un comandante en jefe que un CEO.

Unidades especiales

Trabajar para Musk constituye una experiencia única. Es como trabajar en las unidades especiales del ejército. La web de SpaceX incluso hace una comparación con los soldados de élite, las fuerzas especiales: «Nuestros objetivos son absurdamente ambiciosos, pero los haremos realidad». La referencia a las fuerzas especiales no está presente en la web de Tesla, en la que confiesan «una auténtica pasión por producir los mejores vehículos del mundo» y «estos trabajos no son para todo el mundo». Está claro: Musk y sus tropas no solo pelean para sobrevivir todos los días, sino que tienen la sacrosanta misión de llevar a cabo sus objetivos.

Como líder, Musk es más bien un comandante en jefe que un CEO. Él se encargó personalmente de llevar a cabo la transformación de un gran número de excelentes ingenieros y diseñadores de software en unas potentes unidades de comando de alto rendimiento con habilidad para improvisar sobre la marcha. Un ingeniero que se marchó de Tesla compara su trabajo con el de una unidad especial a la que se encomienda una misión secreta en el filme *Apocalypse Now*, encabezada por el poco convencional coronel Kurtz: «Todo se centraba en llevar a cabo el trabajo. El medio de llegar hasta allí era secundario».

Los paralelismos entre las unidades especiales y los equipos en SpaceX y Tesla son enormes:

Un significado más profundo

Las unidades especiales no solo se dedican a llevar a cabo diversos objetivos, sino que trabajan en asuntos de gran trascendencia. Los comentarios de personas que han trabajado o siguen trabajando para Musk demuestran una profunda percepción de la importancia de su trabajo. Las aspiraciones de la compañía, con frecuencia sobrehumanas, crean una pasión y una dedicación casi divinas.

Retos siempre variables

Las unidades especiales se enfrentan continuamente a difíciles retos que exigen unas cualidades personales como determinación y capacidad de improvisación. Trabajar bajo una fuerte presión les proporciona un «subidón». Algunos incluso se refieren a una «experiencia sadomasoquista» a este respecto; otros aluden a «la sensación de flujo». Típicamente, las personas que se contagian del espíritu imperante aseguran sentirse estimuladas por unas «fuerzas inexplicables» y capaces de «alcanzar unos

Foto: Steve Jurvetson

niveles de rendimiento demenciales». Pese a que el flujo es una experiencia individual, las personas se contagian unas a otras. Es lo que sucede cuando empiezan a saltar chispas y las personas se espolean unas a otras con su ímpetu y entusiasmo para alcanzar unos niveles de rendimiento aún mayores.

Medir el rendimiento permanentemente

Las unidades especiales reciben constantemente información sobre su rendimiento a la hora de obtener unos objetivos claros. Cada persona sabe sus objetivos, tareas y planes de acción. El progreso se mide continuamente y tienes que rendir cuentas de tu rendimiento. Otras personas se apresurarán a abordar este tema contigo, dejando meridianamente claro si has hecho algún progreso o no.

Camaradería masculina

Por último, existe un fuerte sentido de solidaridad. Una unidad especial es una banda de hermanos, unos hombres que dependen unos de otros y se apoyan entre sí durante el combate. En el caso de Tesla y SpaceX, este sentimiento es fruto del convencimiento de ser el más débil, que se enfrenta a poderosas corporaciones y gobiernos. A naciones enteras si es necesario. «Cada día nos damos cuenta de lo vulnerables que somos –dice un empleado–. Somos nosotros contra los demás: o nadas o te hundes.» Esta solidaridad se debe también al carisma de Musk y a que es el primero en dar ejemplo. Como comandante en jefe, no solo es uno de los trabajadores, sino que su compromiso es auténtico.

Espartano

Un último comentario a propósito de las unidades especiales: cumplen su misión en circunstancias espartanas. Comparado con otras compañías de alta tecnología, Musk ofrece un entorno de trabajo más que austero: fábricas ubicadas en viejos edificios, vetustas instalaciones de producción y plataformas de lanzamiento. Los ingenieros que participan en los lanzamientos de cohetes, acostumbrados a trabajar rodeados de todo tipo de lujos en sus antiguas compañías, se alojan en lugares más semejantes a un dormitorio estudiantil que un hotel. A veces da la impresión de que Musk se ha impuesto la misión de hacer que todo sea lo más austero posible. Por ejemplo, se negó a invertir en un sendero entre el hangar y la plataforma de lanzamiento. «Esto obligó a los ingenieros a mover el cohete y la estructura con ruedas que lo sostienen como los egipcios —escribe el biógrafo Vance—. Colocaron unas tablas de madera en el suelo y transportaron los cohetes rodando sobre ellas, retirando el último trozo de madera de detrás y colocándolo delante en un ciclo continuo.»

Revela tus secretos

Quizá dé la impresión de que Musk no es más que un nanogestor difícil, dictatorial y obsesionado con los detalles. Pero hay otra faceta: la de un líder que comparte, que confía y delega en sus colaboradores.

«Ayer había un muro cubierto de patentes de Tesla en el vestíbulo de nuestro cuartel en Palo Alto. Ya no existe», escribió Musk a los empleados de Tesla en junio de 2014. Ha decidido adoptar una actitud *open source*: otros fabricantes de automóviles podrán acceder a la tecnología y a los conocimientos que la compañía se ha esforzado en adquirir durante años. Estas patentes estaban destinadas en un principio a impedir que marcas competidoras copiaran sus hallazgos tecnológicos y arrojaran a Tesla del mercado con su inmenso poder financiero y comercial. Pero Musk afirma que ocurre a la inversa: «Los programas de coches eléctricos de fabricantes importantes son tan pequeños que son casi inexistentes. Las patentes asfixian el progreso y la innovación. Consolidan las posiciones de las corporaciones gigantes y enriquecen a los que se dedican a la abogacía en lugar de a los inversores». Quienes quieran utilizar la tecnología patentada de buena fe pueden hacerlo. Musk incluso se alegra de ello, puesto que toda aportación para combatir el calentamiento global es bienvenido.

Hyperloop: un correo neumático para personas

Otro ejemplo de la tendencia de Musk de compartir y revelar sus planes es el medio de transporte ultraveloz que presentó en 2013 bajo el nombre de Hyperloop. Un gigantesco tubo con una baja presión atmosférica por el que los vehículos circulan en una y otra dirección a unas velocidades que alcanzan los 1200 km/h. Más veloz que un reactor de pasajeros. Este «correo neumático para personas» está diseñado principalmente para conectar ciudades que se encuentren a una distancia no mayor de 1000 kilómetros. Naturalmente, el sistema funciona con energía solar. El objetivo de esta innovadora idea es desbaratar los planes de un tren de alta velocidad en California. «Sería el tren bala más lento del mundo con el coste por kilómetro más elevado. Se han metido en algo que no tiene futuro», declaró Musk. El proyecto del tren de alta velocidad exuda una sensación de mediocridad y arrogancia que a Musk le cuesta encajar. Se calcula que su Hyperloop será diez veces menos costoso y cinco veces más veloz.

Cuando anuncia el Hyperloop, Musk se apresura a decir que no tiene tiempo de intervenir activamente en el proyecto. El análisis y la experimentación los deja en manos de un ecosistema mundial de universidades y compañías que a veces, en un proceso de *open source*, tratan de competir entre sí y otras colaboran unas con otras, a fin de promover el medio de transporte revolucionario. Musk participa como inspirador y ofreciendo información conceptual, pero principalmente permanece en un segundo plano, dejando que otros gocen de su momento de gloria con respecto a un sistema de transporte ultrarrápido.

Musk, el generador de olas por excelencia

«Disfruto haciendo cosas que son útiles. Cosas que creo que pueden mejorar el futuro. Quiero dejar algo, echar la vista atrás y poder decir: "Las cosas que hicimos entonces tuvieron una influencia positiva".» Estas palabras de Musk definen al auténtico generador de olas. Los generadores de olas destacan porque bailan medio desnudos sobre una colina. Inspiran a otros y les contagian su entusiasmo, desempeñan un papel crucial en la creación y desarrollo de las olas de cambio.

Influyen en la forma en que la gente piensa y se comporta. Como superjefes, descubriendo y desarrollando nuevos talentos. Pero también promulgando ideas visionarias y conectando a las personas. Asimismo, ejercen una marcada influencia en su papel como líderes de opinión, admirados de lejos por su inteligencia, puntos de vista y logros.

Un encanto hollywoodiense

Este papel es innato en Musk. Quizá no sea un cuentacuentos natural como Steve Jobs, pero sus logros empresariales crean el mismo tipo de olas de entusiasmo. Debido a ello, su presencia en convenciones y otros eventos siempre es muy apreciada. Y desde su aparición como un modelo que imitar en la película *Iron Man* y el personaje principal en el episodio de los *Simpsons* titulado «The Musk Who Fell To Earth», hasta ha adquirido cierto encanto hollywoodiense.

Pero quizá lo más importante sea que está en todas las redes sociales. Tiene 4 millones de seguidores en Twitter. El poder de este medio quedó demostrado de nuevo cuando, el 30 de marzo de 2015, Musk envió un tuit al mundo que decía: «Dentro de un mes daremos a conocer una nueva e importante línea de producción. No se trata de un coche». No dijo qué

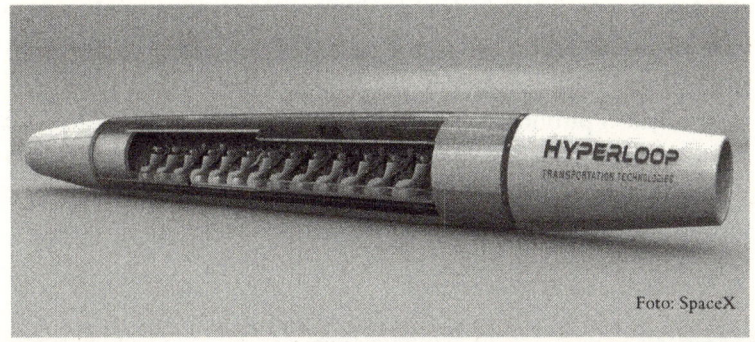

Foto: SpaceX

Foto: SpaceX

era, solo lo que no era. Su «no mensaje» tuvo el efecto deseado: durante un mes todo el mundo trató de adivinar de qué se trataba: un avión eléctrico, un reloj inteligente, una red de satélites. Todo fue analizado. El bombo publicitario adquirió proporciones gigantescas y los precios de las acciones de Tesla aumentaron en casi 1 billón de dólares. Musk reveló el secreto en la fecha prometida. La muy esperada batería doméstica –la Tesla Powerwall– no tardará en llegar.

El bombo publicitario para presentar el nuevo Modelo 3 de Tesla es incluso mayor: 400 000 personas se han apuntado para recibir el coche dentro de unos años. A cambio de una retribución, por supuesto, cada ola tiene su modelo empresarial.

Miniclase magistral de Musk:

Conviértete en un *influencer* que inspira a la gente
Para ser un *influencer*, tienes que adquirir ciertas capacidades y aplicártelas, inspirar a los demás y ser un ejemplo que seguir, como Musk. ¿Cómo puedes aplicarte esto?

- ¿Eres un superjefe o una superjefa que sabe cómo lograr que personas con talento se comprometan contigo? Pregúntate: ¿qué convencería a personas con talento para que se comprometieran conmigo?
- ¿Eres capaz de desprenderte de objetivos que consideras importantes pero para los que no tienes tiempo y dejarlos en manos de otros? ¿Qué te impide hacerlo más a menudo?
- Como *influencer*, ¿con cuántas personas puedes conectar a través de los medios tradicionales y de las redes sociales (no tienen que ser millones)? ¿Qué haces para permanecer en contacto con tus seguidores de forma regular?

9

La ola continúa

No cejaremos hasta que todos los coches que circulan por las carreteras sean eléctricos.

ELON MUSK

Elon Musk es un hombre de muchos rostros. Un creador de esperanza optimista, pero también un experto en tecnología con excelentes conocimientos. Alguien que persigue grandes ambiciones, pero que también se manifiesta como un pragmatista. Un soñador. Un pensador. Un hacedor. Y, ante todo, un conseguidor. Porque aunque a veces roza la línea roja, convierte en oro todo lo que toca. Este último capítulo es un análisis retrospectivo de las cualidades del generador de olas. Asimismo, echaremos un vistazo al futuro: ¿dónde estará Musk dentro de cinco años?

Cuando observas todo lo que ha hecho hasta la fecha, quizá pienses que Musk debe de ser un anciano. Nada más lejos de la verdad. A sus cuarenta y cinco años, tiene toda la vida por delante. De hecho, no ha hecho más que empezar. Han pasado diez años desde el lanzamiento (fallido) del primer cohete. Hace ocho años que el primer Tesla Roadster salió de la cadena de montaje, y cuatro que apareció en el mercado, completamente desarrollado, el Modelo S de Tesla. Musk dirige varias empresas que crecen de forma exponencial. Todo cuanto hace lo realiza a una velocidad increíble. Este extraño soñador y pensador de gigantescas proporciones propone ideas más deprisa de lo que podemos asimilarlas. Antes de que podamos formular la pregunta, a él ya se le ha ocurrido la respuesta. Y como el excepcional emprendedor que es, dirige multitud de negocios y proyectos. Siempre a una velocidad de vértigo, muchos kilómetros por delante de los demás.

Con sus estimulantes ideas, su impresionante determinación, sus agallas, su habilidad para elegir a las personas adecuadas y su extraordinaria resiliencia, Musk ha derribado enmohecidos sectores corporativos uno tras otro. Porque los éxitos que ha alcanzado no han sido sin esfuerzo. Su curva de rendimiento no ha sido una continua línea ascendente. También ha atravesado valles profundos. En muchos momentos su misión corría el riesgo de hundirse prematuramente. Para Musk, esto nunca ha sido motivo para arrojar la toalla, sino que enderezaba la espalda y seguía esforzándose. Porque Musk nunca se rinde.

Las cinco olas del generador de olas

En este libro, hemos etiquetado a Musk como un generador de olas, alguien que no solo prospera con las olas de cambio, sino que él mismo las provoca.

1. Olas de esperanza y expectativa.
2. Olas de nuevas percepciones y posibilidades.
3. Olas de ambiciones e intenciones.
4. Olas de enérgica determinación.
5. Olas de intensa colaboración.

Los generadores de olas se hallan en el centro de estas olas. Hacen que crezcan y adquieran fuerza. En el caso de Musk, incluso se convierten en maremotos, capaces de derribar rompeolas: personas, grupos y organizaciones dispuestos a todo con tal de destruir el poder de las olas de cambio.

Líderes con una fuerza arrolladora

También podemos describir a los generadores de olas como líderes con una fuerza arrolladora, no solo capaces de pasar a la acción, sino de hacer que otros se pongan también en marcha. Capaces de adaptarse a las circunstancias cambiantes, no solo dejándose arrastrar hacia donde les lleve la corriente, sino creando olas con su energía. Así es como un líder con una fuerza arrolladora es capaz de crear nuevas posibilidades.

Los líderes con una fuerza arrolladora no solo poseen un increíble dinamismo, sino que son capaces de trascender sus propias contradicciones. Musk es un excelente ejemplo de alguien que es capaz de combinar distintos elementos de forma singular. Hemos señalado su exitosa mezcla de soñar, pensar y hacer. Pero su arte de combinar elementos va mucho más lejos. Es capaz de traducir el mensaje negativo de la destrucción del hombre a una (más o menos) atractiva posibilidad de sobrevivir en algún lugar en el espacio. Y no se contenta con permanecer en un sueño, sino que trata de racionalizar y llevar a cabo su aspiración de una vida extraterrestre.

Entretanto, deja una impronta indeleble en la realidad. Su palabra es la ley. Con todo, Musk demuestra poseer una extraordinaria flexibilidad estratégica. Asimismo, combina con la misma facilidad elementos «mandones» y «no mandones». Interviene personalmente en los proyectos a los que concede prioridad. Los que están alejados de su esfera de interés los deja en manos de otros sin mayores problemas.

¿Dónde estará Elon Musk en 2020?

La historia de Musk no ha concluido. Como afirmamos al principio del capítulo, no ha hecho más que empezar. No obstante, queremos saber cómo terminará. O, mejor dicho, cómo puede terminar. A tal fin, se nos han ocurrido tres posibles escenarios.

Musk es el Leonardo da Vinci del siglo XXI.

Escenario 1: Musk gobierna el mundo

El escenario del éxito definitivo. Dentro de uno o cinco años, la vida gira alrededor de todas las actividades y empresas iniciadas por Musk. Abandonamos nuestra casa dotada de energía solar en nuestro Tesla para dirigirnos a la estación del Hyperloop, que nos llevará al aeropuerto SpaceX más cercano. El resto de la familia nos espera allí para pasar un maravilloso fin de semana en una isla tropical. A bordo, naturalmente, de un avión SpaceX de última generación, que funciona con electricidad e increíblemente silencioso, que despega y aterriza verticalmente. Mientras esperamos embarcar, tomamos una nutritiva comida impresa en 3D. Y mientras comemos, utilizamos las veloces conexiones por satélite de SpaceX. ¿Es un escenario probable? No. Pero no subestimes a Musk. Supongamos que fuera realidad. Musk se convertiría de inmediato en una mezcla de Thomas Edison, Henry Ford y Steve Jobs. El Leonardo da Vinci del siglo XXI. A fin de cuentas, ha conseguido cosas que parecían imposibles. Si sus sueños se hacen realidad, pronto se convertirá en un magnate sin igual dueño de unos sectores económicos importantes aunque en gran medida desconocidos.

Una posible variación de este escenario: Musk no continúa solo, sino que une fuerzas con poderosas empresas como Apple o Google. La primera posibilidad ha sido tema de numerosos debates desde hace años: a Apple le vendría bien un toque de creatividad después de varios años sin pena ni gloria desde la muerte de Steve Jobs. Musk puede ofrecérselo. Por su parte, Musk tiene una persistente necesidad de capital y Apple –al igual que Google, dicho sea de paso– no anda escasa de fondos. ¿Un matrimonio de conveniencia entre dos partes que no se tienen ninguna simpatía y que hasta la fecha se han dedicado a robarse una a otra sus colaboradores más talentosos? No es algo que debamos descartar por completo.

Escenario 2: MASA

Musk hace lo mismo que hizo cuando empezó como emprendedor. Empieza con numerosos fracasos. El número de Tesla prometido no se cumple. El motivo cabe achacarlo a errores de producción, principalmente causados por robots programados de forma incorrecta y huelgas salvajes organizadas por empleados descontentos. El equipo directivo no está preparado para llevar a cabo sus funciones, lo cual no es de extrañar, puesto que dirigir una *startup* es muy distinto que dirigir una gran empresa.

Musk trata de salvar los muebles, como suele decirse, y vende la sección automovilista a una importante marca alemana por una cuantiosa cifra. Al igual que en sus tiempos de internet. SolarCity, que también tiene serios problemas, es vendida a un gigante energético por una elevada cantidad de dinero. La fábrica de baterías de Tesla es vendida a una corporación electrónica asiática. ¿Qué hace Musk con todo este dinero? Se concentra única y exclusivamente en llevar a cabo su sueño de viajar a Marte. La agencia espacial estadounidense, NASA, es rebautizada MASA, con la M de Marte y de Musk. Musk domina el espacio aéreo internacional, marcando el ritmo y determinando el siguiente paso. La venta de sus otros negocios le granjea un aluvión de críticas por parte de sus admiradores, que se sienten decepcionados. Musk trata de calmar los ánimos señalando que su objetivo era concienciar a las marcas automovilísticas sobre los problemas medioambientales, lo cual ha conseguido. Ha cumplido su misión. Al igual que en el caso de la energía solar. En cuanto al resto, le tiene sin cuidado. Musk siempre hace lo que quiere. Y quiere ir a Marte. Para vivir y morir allí.

Escenario 3: Musk explota o implosiona

Nuestra trilogía concluye con un escenario un tanto sombrío aunque no imposible. Los años de derrochar energía le pasan factura. Después de tantos años de estrés y noches sin dormir, su salud se ha resentido gravemente y muere a causa de un infarto. O, después de una noche de juerga, extenuado, se estampa con su Tesla contra un árbol. Fin de la historia. No solo para Musk, sino para todas sus compañías. Porque sin el generador de olas para dirigirlas, estas se hunden. Musk será siempre un icono que desapareció prematuramente. Dice su último adiós con una última explosión: sus cenizas son lanzadas en un cohete al espacio.

Otra posible variación: Musk implosiona. Después de tantos años de proyectar su energía hacia fuera, mira dentro de sí, explorando su universo interior. Con sus numerosas habilidades, esto podría propiciar unas ideas revolucionarias en el ámbito de la medicina, la psicología e incluso la espiritualidad. El motivo es la escuela que fundó en secreto en 2015, a la que quería que fueran sus hijos. La escuela, Ad Astra –que en latín significa «a las estrellas»– ofrece a los niños todo cuanto a él le faltó de pequeño. Es un lugar seguro, donde los niños pueden desarrollar sus talentos. El propio Musk imparte clase allí. Y cabe decir que, de paso, se enseña a sí mismo cosas nuevas. Se reinventa. Se convierte en una persona más social y se centra por completo en la nueva generación Musk 2.0. Porque ellos constituyen su auténtico plan de reserva para la humanidad.

¿Qué puedes hacer?

Empezamos a escribir este libro debido a la fascinación que nos producen los increíbles éxitos de este visionario, inventor y emprendedor. Hemos explicado estos éxitos utilizando cinco principios para alcanzar el éxito, lo cual abre la puerta a otro objetivo, mucho más importante: el convencimiento de que todos podemos influir de modo positivo a través de lo que hacemos.

Para convertirte en un generador de olas, no es necesario que apuntes a Marte. Únicamente hay un Elon Musk. Pero existen todo tipo de generadores de olas. En tu vida y en tu medio de trabajo se te presentarán sin duda multitud de posibilidades de generar olas, de causar un impacto.

Y si tú no lo haces, quizá lo hagan tus hijos o los hijos de tus amigos. ¿Porque cuál es la próxima historia? A finales de mayo apareció un artículo en la prensa sobre un inventor que, inspirado por Nikola Tesla, había creado un artilugio capaz de extraer electricidad del aire. Dice que nació para cambiar el mundo con sus inventos. «Desde el primer día en este planeta, comprendí que había venido aquí por una razón. Y esa razón es inventar.» ¿El nombre de este inventor? Max Loughan, que acaba de cumplir trece años. La ola continúa.

Epílogo

Durante la creación de este libro, me sentí fascinado por la historia de aventuras de Elon Musk, una fascinación generada por las animadas charlas que mantuve con Hans y con Patrick. Pero, con todo respeto por sus logros, tú, una persona o un emprendedor, quizá debas pensártelo dos veces antes de cambiar de rumbo después de leer este libro y decidas adoptar el «estilo Elon Musk». Personalmente, te aconsejo que no lo hagas. Aunque todo cuanto ha logrado es digno de admiración, el precio que ha pagado por su éxito es muy alto. Puede que su enfoque sea típicamente estadounidense, pero creo que a su fórmula para alcanzar el éxito le falta cierto «sosiego» europeo. No en vano un emprendedor como Danae Ringelmann, fundador del *crowdfunding* Indiegogo, afirma públicamente que cuando los emprendedores estadounidenses, en particular los de Silicon Valley, gobiernen el mundo, quizá resulte más emocionante pero desde luego no más divertido.

Por más que Musk posea unas habilidades singulares, la cuestión estriba en si su estilo de vida ofrece suficiente espacio para la reflexión, el silencio y el mero hecho de «ser». También siento curiosidad por saber si su enfoque tecnológico con respecto a los problemas resulta siempre eficaz. ¿Tiene este en cuenta los aspectos menos racionales a la hora de solventar problemas humanos y sociales? En última instancia, la vida no se compone solo de elementos prácticos. Y nosotros, en tanto que humanos, no nos comportamos siempre como criaturas lógicas. Ni mucho menos.

Cuando leas este libro, la expedición de Elon Musk probablemente habrá entrado en una nueva fase. ¿Saldrá airoso de ella? Es una pregunta que preocupa a muchas personas. También cabe preguntarse si el éxito es finito. Creo que sí. De hecho, me consta que lo es. Al fin y al cabo, en la vida todo está sujeto a un proceso de crecimiento, estancamiento y deterioro. ¿Pero por qué es importante esta percepción? Porque aunque los tres próximos cohetes se estrellen y Musk no consiga incrementar la capacidad de producción de Tesla, el impacto de sus actos no deja de ser enorme. Los objetivos de Elon Musk consisten en poner en el mapa los viajes espaciales y crear una generación de movilidad y energía sostenibles. Porque el futuro del mundo y la humanidad le preocupa. Los logros que ha llevado a cabo ya han cumplido en buena parte sus objetivos. Otros siguen su ejemplo y se apresuran a renovar importantes sectores económicos. Se sienten inspirados por sus ideas, que quieren promover. O forman una fila interminable de gente que se afana en seguir su ejemplo. Musk ha cumplido su misión: ha puesto en marcha la ola.

MARTIJN ARETS,
Líder de la Crowd Expedition y experto en el ámbito
de la economía colaborativa

Agradecimientos

El periodo entre el comienzo y la publicación de un libro puede prolongarse años. No ha sido el caso de *Musk Manía*. Este libro se ha escrito solo. Mientras recabábamos información sobre generadores de olas, el nombre de Elon Musk apareció constantemente. El personaje nos fascinó y decidimos dedicarle un capítulo en nuestro libro, que aún no se había publicado, sobre los generadores de olas. Ese capítulo pasó a convertirse inesperadamente en *Musk Manía*.

Son muchas las personas que nos han apoyado y aconsejado mientras escribíamos este libro. Queremos dar las gracias a algunas citando su nombre. En primer lugar, Isabel Timmers, que fue nuestra constante lectora, perfeccionando el texto, eliminando los pasajes menos importantes y aportando algunas ideas sorprendentes. Se ha ganado el título de coautora.

Martijn Arets, que escribió el epílogo, merece nuestra gratitud por su conocimiento y su entusiasmo durante la fase de documentación sobre los generadores de olas. Vivianne Smiggels se convirtió enseguida en un miembro indispensable del equipo. Asimismo, dibujó la cubierta del libro, aunque no tenía experiencia, pero con extraordinaria habilidad. Eva de Valk, experta en Silicon Valley y autora del libro epónimo, se ha ganado nuestra gratitud por los datos que ha aportado y el prólogo. También queremos dar las gracias a Phil Larsson (SpaceX), Anton van der Wulp (Tesla Motors) y Dirk Ahlborn (Hyperloop Transportation Technologies).

Vaya también nuestra profunda gratitud al dinámico equipo de Vakmedianet: Neeltje de Kroon, Freek Talsma, Astrid Geraats, Rogier Rongen, Monique Krol y Anneke van Dijk. Habéis hecho que este libro vea la luz con vuestro increíble entusiasmo, talento para la improvisación y energía.

Dedicamos *Musk Manía* a nuestros hijos: Sebas, Joran y Cas. Ellos son nuestros creadores de esperanza del futuro. Formulan las preguntas importantes y persiguen gigantescas ambiciones. Son los generadores de olas de mañana.

HANS Y PATRICK